Knaur.

Über den Autor:
Sebastian Herrmann, geboren 1974 (im selben Jahr, als der erste Ikea-Markt in Deutschland seine Türen öffnete), ist Wissenschaftsredakteur der *Süddeutschen Zeitung* und Autor mehrerer Bücher. Er lebt in München.

Sebastian Herrmann

Wir Ikeaner

Unsere verhängnisvolle Affäre mit
einem kleinen schwedischen Möbelhaus

Knaur Taschenbuch Verlag

Besuchen Sie uns im Internet:
www.knaur.de

Vollständige Taschenbuchausgabe Februar 2009
Knaur Taschenbuch. Ein Unternehmen der Droemerschen
Verlagsanstalt Th. Knaur Nachf. GmbH & Co. KG, München
Alle Rechte vorbehalten. Das Werk darf – auch teilweise –
nur mit Genehmigung des Verlages wiedergegeben werden.
Redaktion: Julia Sommerfeld
Umschlaggestaltung: ZERO Werbeagentur, München
Umschlagabbildung: FinePic, München
Satz: Daniela Nikel, Germering
Druck und Bindung: Norhaven A/S
Printed in Denmark
ISBN 978-3-426-78140-1

2 4 5 3 1

Für Julia

Inhalt

»Fühl dich wohl auf deine Art« –
der erste Besuch beim Neuling
aus dem Norden

An das Möbelstück ist keine Erinnerung geblieben. Außer so viel: Es war zu groß. Mitte der siebziger Jahre wohnten wir in einem Mietshaus in München-Sendling. Das war eine Gegend, zu der man damals stereotyp »Arbeiterviertel« sagte und in der heute, so wie in allen anderen Stadtvierteln Münchens, die Dachböden ausgebaut und die meisten Wohnungen luxussaniert sind. Der alte Obstgarten im Hinterhof war gerade verschwunden, an seiner Stelle wurde ein Einkaufszentrum aus grauem Waschbeton gebaut. In Sichtweite hatte eine der ersten McDonald's-Filialen Münchens aufgemacht. Immer wenn meine Mutter frustriert war, ging sie dort einen Big Mac essen. Obwohl McDonald's bei uns zu Hause natürlich als imperialistisch-kapitalistisch galt und moralisch zu verurteilen war. Sie war damals oft frustriert. Das lag zu einem großen Teil am Zustand unserer Wohnung, die nach und nach zuwucherte. Alles wurde immer mehr, vor allem die Bücher. Mein Vater schleppte sie aus dem Verlag nach Hause und meine Mutter aus der Buchhandlung, in der sie arbeitete.

Und ich war auch da, 1974 geboren und damit beschäftigt, das Chaos in unserer Dreizimmerwohnung zu komplettieren. Wenigstens die guten Bücher sollte der Junge aber nicht kaputtmachen – die Literatur sollte außerhalb meiner Reichweite verstaut werden. Dazu brauchte es anständige Regale. *Billy* zum Beispiel, das war seit den siebziger Jahren auch in Deutschland erhältlich. Das Pressholzbehältnis sollte die Bücher davor beschützen, von mir angenagt oder besabbert zu werden. In Kinderreichweite in den unteren Fächern konnte Entbehrliches verstaut werden, bis der Junge den Wert eines guten Buches nicht mehr nur aus rein physiologischen Geschmackserwägungen zu schätzen wüsste.

Wir fuhren also mit unserem eierschalenfarbenen VW-Käfer in den Norden Münchens zu Ikea. Ich kann mich zwar nicht unmittelbar daran erinnern, aber mein Vater hat es mir in den vergangenen dreißig Jahren oft genug erzählt.

In meinem Geburtsjahr hatte Ikea seinen ersten Markt in Deutschland in München-Eching eröffnet. Von dort aus begann das »Verrückte Möbelhaus«, wie es sich damals in der Werbung bezeichnete, die Wohnungen der Bundesrepublik mit *Billys*, Wippstühlen namens *Poäng*, Sofas, die auf den Namen *Klippan* hörten, und anderen schwedischen Holzwaren zu möblieren. Dort fuhren wir hin, und dieser erste Ikea-Besuch, an dem ich in fruhkindlicher Form beteiligt war, enthielt alles, was einen Einkauf bei dem schwedischen Möbelhändler noch heute ausmacht: Es gab eine Ehekrise, Kinder schrien, überflüssige Waren wurden ungeplant erworben. Es gab Transportprobleme, Schrauben fehlten, ein Mann drohte an einer handwerklichen Aufgabe zu scheitern. Es wurde ein weiterer ungeplanter

Kauf getätigt, es gab eine weitere Belastungsprobe für die junge Familie.

Die Möblierung einer süddeutschen Dreizimmerwohnung mit Ikea-Waren begann und wurde fortgesetzt. Wir hatten einen schrecklichen Tag erlebt und kamen trotzdem immer wieder nach München-Eching, um diese Erfahrung zu wiederholen. Der erste Besuch in der Ikea-Filiale hatte in unserer Familie die Neigung zu einer Art Einrichtungs-Masochismus geweckt, so wie ihn seitdem unzählige Menschen in einer innigen Hassliebe zu dem schwedischen Händler ausleben. Um es kurz zu machen: Wir saßen in der Ikea-Falle.

Es war Samstag, und weil Papa in den siebziger Jahren am Wochenende noch uns Kindern gehörte, schloss Ikea schon um 14 Uhr. Mir wäre es damals lieber gewesen, wenn Papa an diesem Tag nicht mir gehört hätte. Als wir kurz vor 14 Uhr mit einem großen Paket zu unserem Käfer kamen, verwandelte sich Papa in einen tobenden Mann. Aus dem Erwerb von Bücherregalen war nichts geworden. Warum, das verschweigt die Familienüberlieferung. Vielleicht vertrug sich die hohe Literatur in unserem beflissenen Bildungshaushalt nicht mit Pressspanregalen, vielleicht waren sich meine Eltern einfach schon in der Sofaabteilung in die Haare geraten.

Statt einer Regale kauften sie ein anderes großes Möbelstück. Tisch, Kommode, Schrank – beide wissen nicht mehr, was es genau war. Das Möbel ist längst wieder aus unserem Leben und der gemeinsamen Erinnerung geschieden, ganz wie es sich für ein anständiges Ikea-Möbel gehört. Was beide noch wissen, ist, dass sie eigentlich etwas ganz anderes kaufen wollten: Bücherregale und sonst nichts. Aber was heute ein Ding der Unmöglichkeit ist, wenn man zu Ikea fährt, das klappte auch damals in den siebziger Jahren schon nicht, als die Schweden erstmals mit ihren Waren vor den Toren Münchens standen.

Das Möbelstück zum Selbstabholen und Aufbauen steckte in einem flachen Karton. Und der war gerade einen Tick zu groß, um in den VW-Käfer zu passen. Das Paket war auch gerade klein genug, um meinen Vater lange Zeit in der Überzeugung zu lassen, dass er es doch im Auto verstauen könnte. Mutter sollte zunächst helfen, suchte sich dann aber rasch einen Platz auf dem Bordstein, um sich das Ganze aus einiger Entfernung anzusehen.

Mein Vater sah irgendwann ein, dass er das Paket nicht ins Auto bekommen würde. Einen Lieferservice hatte Ikea damals noch nicht – behauptet zumindest mein Vater. Das muss aber nichts heißen, wahrscheinlich hat er ihn einfach nicht gefunden. Stattdessen bot Ikea Dachträger an. Es kam wohl häufiger vor, dass etwas nicht in ein Auto passte, aber auf keinen Fall zurück in den Laden sollte.

Es war kurz vor Ladenschluss, Vater kaufte den Gepäckträger, der viel zu teuer war. Und windig. Sagt Vater. Natürlich. Zurück am Auto und immer noch nicht wieder mit ruhigem Puls, verhielt er sich dann so, wie ich mich heute auch immer verhalte, wenn ich wieder ein Ikea-Möbelstück gekauft habe. Er riss die Packung auf, verstreute die Einzelteile um sich herum, schüttete die Schrauben in die Mitte und suchte dann nach der Aufbauanleitung.

Eine Anleitung gab es zum Dachgepäckträger nicht, sagt mein Vater. Dafür gab es Stangen, Schrauben und kein Werkzeug. Während mein Vater begann, den Dachträger mit der Routine eines von der Familie gefürchteten Heimwerkers zusammenzubauen, und die Schrauben mit den Fingern eines Büroangestellten an den Gewinden fixierte, suchte sich meine Mutter einen neuen Platz am Bordstein, der noch etwas weiter vom Auto und den beiden männlichen Mitgliedern der glücklichen Kleinfamilie entfernt war. Wahrscheinlich hatte sie sich längst in Phantasien von großen Big Macs geflüchtet.

Während mein Vater versuchte, Stangen, die nicht dafür gemacht waren, auf sinnvolle Weise zu verbinden, spielte ich mit den Schrauben, die er auf dem Boden vor dem Auto verstreut hatte. Das Spiel ging so: Gleich in der Nähe war ein Gulli, und ich versuchte die Schrauben durch die Ritzen des Deckels zu schubsen. Ob ich erfolgreich war, ist nicht verbrieft. Mein Vater behauptet, ja, meine Mutter kann dazu nichts beitragen, weil sie mittlerweile nur mehr in Rufweite saß. Glauben wir also meinem Vater, der nun damals – jetzt müssen wir meiner Mutter glauben – anfing, wirklich zu toben. Ich plärrte, und so musste meine Mutter ihren sicheren Distanzplatz aufgeben.

Der Parkplatz vor dem verrückten Möbelhaus mit dem Elch war nun fast leer, bis auf einen schreienden Mann, ein schreiendes Kleinkind und eine innerlich schreiende Mutter. Die verbliebenen Schrauben reichten dann angeblich doch, um den Dachgepäckträger ausreichend fest auf den Käfer zu montieren. Wahrscheinlich war es meine Mutter, von der die entscheidenden Hinweise kamen, wie das Ding aufzubauen sei. Aber die Diskussion rund um die Heimwerkerehre meines Vaters sparen wir jetzt lieber auf. Auf jeden Fall gelang es, das Paket aufs Dach zu schnüren und heil über die Autobahn vorbei am Münchner Müllberg nach Hause zu bringen. Dort haben meine Eltern dann festgestellt, dass wir das Möbelstück gar nicht brauchen konnten. Ich bin mir sicher, dass es ziemlich günstig war.

Aus dem privaten Erlebnis einer Münchner Kleinfamilie ist seit den siebziger Jahren eine universelle Erfahrung geworden, die Ikea-Kunden mittlerweile in über dreißig Ländern machen. Weltweit schleppen Menschen Möbel in flachen Kartons zu ihren Autos, drehen zu Hause mit einem kleinen Inbusschlüssel Schrauben in Pressspan und richten sich mit Möbeln ein, die auch in französischen, amerikanischen, britischen, deutschen, italienischen, finnischen, japanischen oder russischen Wohnungen und in den Häusern Dutzender anderer Nationalitäten stehen.

In all diesen Ländern drohen Beziehungen in Möbelausstellungen zu zerbrechen. Überall auf der Welt kaufen Menschen dank perfekt geplanter Märkte und einer genialen Verkaufsstrategie Dinge, die sie eigentlich gar nicht brauchen. Ikea hat unser ganzes Leben durchdrungen, und weltweit nennen die Menschen das auch noch »Kult«.

Unternehmensgründer Ingvar Kamprad und seine Armee der »bescheidenen Enthusiasten«, wie er seine Angestellten nennt, haben sich in fast alle Bereiche unseres Lebens eingeschlichen. Vor Ikea gibt es kein Entkommen. Ikea ist einfach da. Immer. So wie im Katalog 2008 im Abschnitt über Betten versinnbildlicht. Da sehen wir einen Mann, der in einem Bett mit *Sultan*-Matratze liegt und schläft. Er ist nicht allein. Ihm zur Seite sitzt ein Mann im blaugelben Ikea-Dress und wacht über ihn. Er hat dem Schlafenden die Hand auf den Arm gelegt. Ikea wacht über seine Schäfchen. Oder muss der Ikea-Angestellte nur aufpassen, dass der Kunde nicht aufspringt und wegläuft? Wohin soll er schon? Ich wüsste es nicht.

Wenn ich mich in unserer Wohnung umsehe, ist Ikea auch schon da: Wir besitzen mindestens sechs *Ivar*-Regale, drei *Ivar*-Stühle, zwei davon mit *Behandla* rot gestrichen, drei *Benno*-CD-Regale in Grün, ein namenloses Ikea-Billigregal, einen Schreibtisch, dessen Namen ich auch nicht mehr weiß (*Gustav? Alex? Vika? Grevsta?*), ein Schubladenelement zum Darunterrollen; mehrere Kissen, noch viel mehr Teelichthalter, Handtücher, Tassen, Teller, Gläser und etwas Besteck; auf dem Balkon stehen ein Tisch mit zwei Stühlen von Ikea; wir haben Ikea-Aufbewahrungsgläser im zweistelligen Bereich, mehrere bunte Kartons (keine Ahnung, was sich darin befindet); diverse Lampen, sowohl hängend als auch stehend beziehungsweise zum Klemmen; ein Tagesbett *Hemnes* mit zwei *Sultan*-Matratzen; einen *Leksvik*-Tisch und ein *Leksvik*-Regal, beide in Antik gebeizt, ebenso wie die *Leksvik*-Kiste, bei der ich auch nicht weiß, was sich darin befindet; wir haben ein großes *Gorm*-Weinregal, ein kleines Weinregal zum Zusammenleimen; zwei weiße Ikea-*PS*-Schränke aus Blech; im Gang hängt ein großer Spiegel von Ikea; das Schränkchen unter dem Waschbecken stammt aus dem Reich des Ingvar Kamprad; auf einem Fensterbrett kämpft eine Ikea-Yuccapalme ums Überleben, die bereits zehn Jahre meiner Missachtung trotzt; daneben verliert eine Pflanze ihre Blätter, obwohl sie noch nicht so lange dabei ist Wir haben eine Salatschleuder von Ikea, mehrere große Bretter in der Küche – eins zum Brotschneiden, eins, um den Rest zu schnipseln. Die Vorhänge sind von Ikea, die meisten unserer Handtücher, der Großteil unserer Bettwäsche, und ich bin mir sicher, ich habe irgendetwas vergessen (abgesehen von den Dingen von Ikea, die ich längst wieder weggeworfen habe).

Kein Unternehmen definiert die Umgebung, in der wir wohnen, so stark wie die 1943 gegründete Firma. Ikea liefert universale Schablonen für das perfekte Zuhause. Andere Möbelhändler können da nicht mithalten. Die Ikeanisierung Deutschlands ist fast abgeschlossen. Die der Welt, angefangen mit den USA, über Europa, Russland, Saudi-Arabien, bis hin zu China und Japan schreitet zügig voran.

Angeblich ist bereits jeder zehnte Westeuropäer in einem Ikea-Bett gezeugt worden, was vor allem dafür spricht, dass die Möbel mehr aushalten, als wir ihnen zutrauen. Die Einrichtung der ersten eigenen Wohnung beginnt für junge Menschen in fast der gesamten Welt mit einer Fahrt in eine der weit über zweihundet Ikea-Filialen.

Von dem Moment an, in dem wir aus der Geburtsklinik nach Hause getragen werden, bis in die Zeit, in der wir im Altersheim querformatige Bilder von Ikea betrachten müssen, auf denen beigefarbene Steine am Strand liegen, begleitet Ikea uns durchs Leben. Nur den Tod überlässt das Unternehmen uns noch selbst. Denn Pressspansärge »*Billy*-Rest« oder die Blechurne »Aschä« zu 3,90 Euro, um sich darin im konzerneigenen *Småland* für die Ewigkeit in Blaugelb begraben zu lassen, bietet das Unternehmen noch nicht an.

Ikea ist das erste globale Unternehmen, die erste wirklich internationale Lifestyle-Marke, die alle Bereiche deines Lebens besetzt und dich dabei auch noch duzt, lieber Ikea-Kunde. Ikea richtet dir die Küche ein, bestimmt, worauf wir sitzen, worin wir schlafen, wovon wir essen. Jetzt wandelt sich der Konzern nach eigenen Angaben auch noch zum möblierten Freizeitpark, und schon jetzt ist Ikea für viele Enthusiasten ein möbliertes Disneyland, in dem sie ihre Freizeit verbringen; eine Art Legoland für Erwachsene, Aufbau inklusive.

Der schwedische Möbelhändler hat den Mitmachkunden erfunden, der seine Waren selbst abholt, aufbaut und transportiert. Vor allem aber hat das Unternehmen das Konzept des selbst arbeitenden Kunden erfolgreich gemacht.

Ikea hat das Möbelstück als soziales Unterscheidungsmerkmal der Masse ermöglicht, indem es Einrichtung zur billigen Wegwerfware gemacht und beworben hat. Das Unternehmen hat uns so den Trend zum ständigen Umdekorieren und dem von Hunderten Wohnzeitschriften und Einrichtungssendungen ausgeübten Zwang zur permanenten Neugestaltung des eigenen Nests beschert. Regale und Tische sind heute kaum beständiger als ein paar Hemden von H&M: Nach ein paar Jahren veraltet, aus der Mode, und da wir fürchten, dass sie sowieso bald auseinanderfallen, fahren wir sie zum Wertstoffhof, um dann bei Ikea direkt Nachschub zu holen. Wäre das Holz unbehandelt, könnten wir es wenigstens zum Grillen verwenden.

Wenn wir gerade nicht bei Ikea sind, dann reden wir darüber. Über die putzigen Namen unserer immobilen Wohnungsgenossen. *Billy*, *Ivar*, *Leksvik* – irgendjemand erzählt spätestens nach diesem schwedischen Dreiklang, dass Ikea in den neunziger Jahren mal ein Kinderstockbett im Programm hatte, das *Gutvik* hieß. Nahtlos fügen sich daran Geschichten über fehlende Schrauben an. Dann kommt das Gespräch auf die ungeplanten Käufe. Ohne dreihundert Teelichter verlässt keiner den Laden. Niemand hat seine Kunden so gut ausgespäht und seine Märkte so perfekt verkaufsfördernd geplant wie Ikea. Dennoch verspricht uns das Unternehmen das aufräumbare Leben – obwohl dabei doch bloß Kisten, Kartons, Regale voller überflüssigem Deko-Kram in den Wohnungen der Kunden ankommen. Ohne Ikea hätten es Nervensägenbücher wie *Simplify Your Life* wesentlich schwerer.

Auf der ganzen Welt lamentieren Kunden über die vollen Parkplätze, über die angeblich miserable Qualität der Produkte, die unverständlichen Aufbauanleitungen – und doch rennen sie alle zu Ikea. Während wir Ikeaner wieder hinfahren, läuft im CD-Player im Auto das Album *Ich werde sie finden* von Bernd Begemann. Neben der Autobahn taucht von weitem ein riesiges Ikea-Schild auf, das auf den blaugelben Kasten daneben aufmerksam macht, der auch so weithin sichtbar wäre. Bernd Begemann singt: »Wir sind alle in der Ikea-Falle, wenn der entscheidende Dübel fehlt und wenn uns unser Grübeln quält: Was hat unsere Wohnung bloß so entstellt? Dann sind wir alle in der Ikea-Falle.«

Das Unternehmen hat unsere Beziehungen im Würgegriff. In den Möbelmärkten scheitern weltweit Partnerschaften. Jene Liebe, die wenigstens auf Sparflamme von der Ikea-Filiale bis zu Hause gehalten hat, erlischt während der Versuche, die Möbel gemeinsam aufzubauen. Das Magazin *Stern* schrieb 2003 in einer Titelgeschichte über Ikea: »Das nordische Möbelhaus ist in Wahrheit ein soziales und psychologisches Trainingscamp, in dem es um den Erwerb von Menschenkenntnis, um die Einübung von Toleranz und Geduld und den Abbau von Vorurteilen geht.« Ikea ist der Elchtest des Lebens. Und diesem setzen wir uns wieder und wieder aus. Es gibt kein Entrinnen, denn wir sind alle Ikeaner.

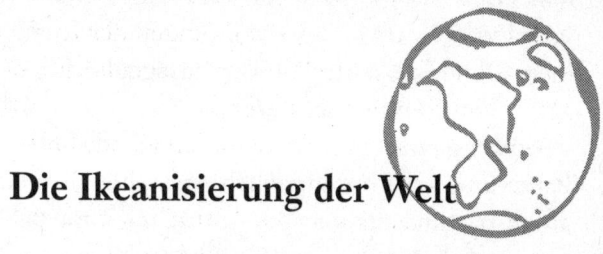

Die Ikeanisierung der Welt

Weltherrschaft made in Sweden –
ein Abstecher in die Geschichte

Es ist in der Geschichte nicht sehr oft vorgekommen, dass von Schweden aus einigermaßen erfolgreich die Welt unterworfen wurde. Vielleicht ist es häufiger versucht worden, war aber von solcher Erbärmlichkeit, dass außerhalb Schwedens selten Zeugnis davon genommen wurde. Wenn aber ein Schwede auf den Plan trat, sich die Erde oder zumindest einen erklecklichen Teil davon untertan zu machen, dann spielte Holz eine wichtige Rolle. Es grenzt deshalb an ein Wunder, dass im Frühjahr 2008 ausgerechnet in diesem Land der älteste Baum der Welt entdeckt wurde.

Der schwedische König Gustav II. Adolf wählte im siebzehnten Jahrhundert zunächst eine recht traditionelle Form der Unterwerfung anderer Länder: die kriegerische Auseinandersetzung. Er war dabei sehr erfolgreich. Der Herrscher aus dem Hause der Wasa – das Herrschergeschlecht hat nichts mit dem Knäckebrot zu tun, obwohl es Korngarben im Familienwappen führt – er-

21

klomm 1611 im Alter von siebzehn Jahren den Thron Schwedens.

In einem organisierten Waffengang zeigte er zunächst den Dänen, dass er keinesfalls ein Halbstarker war, sondern dass er es wahrlich ernst meinte, und diktierte den dänischen Nachbarn im Frieden von Knäred (1613) seine Bedingungen. Die Russen mussten 1617 zähneknirschend den Friedensvertrag von Stolbowo unterschreiben und Gustav II. Adolf Entschädigung zahlen sowie mehrere Festungen und ganze Landstriche übergeben. Mit dem Waffenstillstand von Altmark gaben 1629 auch die Polen zu, dass der Schwedenkönig der Platzhirsch im Baltikum war.

Gustav II. Adolf war das nicht genug, er griff auf Seiten der Protestanten in den Dreißigjährigen Krieg auf dem Gebiet des Heiligen Römischen Reiches Deutscher Nation ein und drängte die kaiserlichen Söldnertruppen, dank seiner überlegenen Militärtechnik und einer motivierten Wehrpflichtigenarmee bis nach Bayern zurück. Die Schweden marschierten 1631 bis nach München, wo erst 1974 wieder ein schwedischer Feldherr namens Ingvar Kamprad auftauchte. Er hatte ganz andere Waffen als Gustav II. Adolf im Gepäck.

Trotz seines großen militärischen Erfolges kämpfte auch Gustav II. Adolf bei seinen Eroberungsplänen bisweilen mit Qualitätsproblemen – so wie Ikea in den frühen Jahren der Firmengeschichte. 1628 lief die »Vasa« in Stockholm vom Stapel, das stolze neue Flaggschiff der Kriegsmarine. Die »Vasa« sollte die schwedische Vormachtstellung im Ostseeraum demonstrieren – Holz und Segel gewordener Herrschaftsanspruch. Auf Geheiß des Herrschers bekam der riesige Dreimaster aus Eichenholz zwei statt, wie zuvor üblich, nur ein Kanonendeck. Schließlich sollte das prächtige Schiff in ganz Europa von der Macht und dem Einfluss seines obersten Kommandeurs Zeugnis ablegen.

Der Schiffsbaumeister entwarf einen Plan und schrieb eine Aufbauanleitung, an die sich Handwerksmeister und Handlanger hielten, so gut das bei Montageanleitungen geht. Als das riesige und üppig verzierte Schiff am 10. August 1628 zu seiner Jungfernfahrt aufbrach, segelte die »Vasa« einige hundert Meter weit aus dem Dock zur Parade vorbei am Stockholmer Königspalast, um dann noch in Sichtweite der Residenz Gustav II. Adolfs bei der ersten zarten Böe umzukippen. Die »Vasa« sank so schnell, als sei sie aus Pressspan gefertigt und von verzweifelten Familienvätern hastig zusammengeschraubt worden.

Tatsächlich hatten die schwedischen Handwerker geschlampt – wegen einer mangelhaften Aufbauanleitung. Im Rumpf der »Vasa« befand sich nicht ausreichend Ballast. Es existierte kein adäquates Gegengewicht, mit dem die zwei schwerbeladenen Kanonendecks des ohne Masten fast zwanzig Meter hohen Schiffs stabilisiert werden konnten. Der Schwerpunkt des Schiffs lag nicht tief genug, und es brauchte keinen starken Wind, um die »Vasa« kentern zu lassen. Das war den Baumeistern entgangen. Die Schweden hatten über dreihundert Jahre vor Ingvar Kamprad den Vorläufer des Wegwerfmöbels erfunden, obwohl natürlich erst dem Ikea-Gründer mit diesem Konzept der kommerzielle Durchbruch gelang.

Gustav II. Adolf fiel 1632 bei der Schlacht von Lützen. Seine Nachfolger konnten sein Werk dennoch erfolgreich fortführen. Trotz mangelhaft gebauter Flaggschiffe ging

Schweden als europäische Großmacht aus dem Dreißig-jährigen Krieg und dem Westfälischen Frieden von 1648 hervor. Auf deutschem Gebiet zeugten noch Jahrhunderte später populäre Reime wie *Bet', Kindchen, bet', morgen kommt der Schwed'* vom Erfolg und der überlegenen Militärtechnik der Schweden. In der Gegenwart artikuliert dieser Reim nur mehr die Angst jener, die regelmäßig zu Ikea fahren. Denn *kommen* muss der Schwed' schon lange nicht mehr, wir fahren ganz von selbst zu ihm.

Das schwedische Großmachtstreben mit militärischen Mitteln endete unter der Regentschaft Karls XII., eines Nachfolgers Gustav II. Adolfs, dessen Herrschaft bis 1718 dauerte. Dann verschwanden die einst gefürchteten schwedischen Truppen zumindest von der ganz großen Bühne der europäischen Mächte.

Es dauerte bis zum Beginn des zwanzigsten Jahrhunderts, bis Schweden abermals eine Hegemonialstellung aufbauen konnte. Deren Architekt war Ivar Kreuger aus Kalmar an der Ostküste Südschwedens. Er wählte andere Mittel als sein kriegerischer Vorgänger Gustav II. Adolf. Vor dem Ersten Weltkrieg hatte der Mann mit dem Vornamen eines Ikea-Regals in Amerika und Südafrika als Bauunternehmer viel Geld verdient. Nach dem Krieg kehrte er nach Schweden zurück und baute einen riesigen Konzern auf, dessen Macht und Erfolg auf leicht brechbarem Holz gegründet war. Ivar Kreuger stellte Zündhölzer her, und zwar so erfolgreich, dass er in der ganzen Welt als Zündholzkönig bekannt war.

Der Schwede Gustaf Erik Pasch hatte 1844 das Sicherheitsstreichholz erfunden, und Kreuger machte etwa siebzig Jahre später daraus ein riesiges Geschäft. Er verwandelte nicht nur große Teile der schwedischen Wälder in Zündhölzer, sondern verkaufte seine Produkte in Ländern auf der ganzen Welt. Neue Märkte unterwarf er sich, indem er seine Konkurrenten mit Dumpingpreisen ausbootete. So schuf er ein Konglomerat von Firmen, zu dem in den dreißiger Jahren etwa hundertfünfzig Tochterunternehmen gehörten, die zweihundertsechzig Fabriken betrieben und etwa siebenhundertfünfzigtausend Mitarbeiter beschäftigten.

Die Holding des Unternehmers beherrschte zu ihrer erfolgreichsten Zeit den Zündholzmarkt in dreiunddreißig Ländern und produzierte 60 Prozent der weltweit hergestellten Streichhölzer. Bergwerke und Erzhütten gehörten Ivar Kreuger auch noch, dazu ausgedehnte Waldgebiete sowie ein Großteil der schwedischen Papierindustrie. Außerdem hielt er von 1930 an eine Weile die Mehrheit der Telefonfirma Ericsson.

Kreuger war ein geschickter Geschäftsmann und galt zu seiner Zeit als Inbegriff des Kapitalisten. Geschäfte schloss er oft direkt mit Regierungen ab. Dem Deutschen Reich gewährte er 1929 einen Kredit über 125 Millionen US-Dollar. Dafür garantierte ihm die Regierung in Berlin per Zündholzwarenmonopolgesetz zwei Drittel des Streichholzmarktes in Deutschland. Seine Streichhölzer verkaufte er unter der Marke »Welthölzer«.

Das Monopol in Deutschland bestand bis 1983, länger als sein Firmenimperium. Kreuger starb 1932 in Paris, wahrscheinlich beging er Selbstmord. Seine Holding hatte er mit abenteuerlichen Methoden finanziert, und offenbar war dabei nicht immer alles mit rechten Dingen zugegangen. Als sich die Banken wegen der Weltwirtschaftskrise weigerten, ihm weitere Kredite zu gewähren, brach sein Konzern in sich zusammen wie ein wackeliger Beistelltisch *Lack* unter der Last eines vollen Bierkastens.

Sowohl Ivar Kreuger als auch Gustav II. Adolf haben einen legitimen Nachfolger: Ikea-Gründer Ingvar Kamprad, der mit einem geschätzten Vermögen von 31 Milliarden US-Dollar laut *Forbes* Magazin einer der reichsten Männer der Welt ist. In Europa hat niemand ein größeres Vermögen als der Schwede. So wie Gustav II. Adolf über eine überlegene Militärtechnik verfügte, bediente sich Ingvar Kamprad überlegener Verpackungs- und Produktionstechnik sowie fortschrittlicher Möbelverkaufsmethodik, um damit wie ein geschickter Feldherr von Schweden aus nach Süden zu marschieren und ein Land nach dem anderen zu unterwerfen.

Dabei verfügte er über den Geschäftssinn des Zündholzkönigs Kreuger, den Kamprad bewunderte. Schon im Alter von fünf Jahren erklärte er seiner Tante angeblich, dass er einmal ein neuer Kreuger werde. Und so ist Ikea heute nach Kreugerschem Vorbild eine Holding-Gesellschaft, die aus einem Wirrwarr verschiedener Firmen besteht, mit der der Möbelkönig Kamprad quasi ein weltweites Regal-, Einrichtungs- und Geschmacksmonopol errichtet hat. Vom Schwedenkönig Gustav II. Adolf hat Kamprad gelernt, dass er besser auf ein Flaggschiff wie die »Vasa« verzichtet und bescheiden auftritt; vom Zündholzkönig Kreuger, dass man seine Holding gegen den Griff der Finanzinstitute wie eine mächtige Trutzburg befestigen muss. So ist auf absehbare Zeit nicht damit zu rechnen, dass der Ikea-Konzern kentern und absaufen oder unter dem Griff großer Banken zerbrechen könnte.

Und wir? Wir kaufen nun statt Welthölzer *Billy*-Regale und haben uns längst daran gewöhnt, dass die Schweden dauerhaft vor den Toren unserer Städte stehen.

Die Wallstreet liegt in Bullerbü

Laut Legende des offiziellen Ikea-Biographen Bertil Torekull war schon der kleine Ingvar Kamprad, der am 30. März 1926 geboren wurde, ein geschäftstüchtiger Junge. Noch bevor er in die Schule ging, grübelte er, wie er Geld verdienen könnte. Der Knabe spielte nicht mit Kaufläden oder tat so, als würde er Geschäfte wie die Erwachsenen abwickeln – er handelte wirklich.

Als Fünfjähriger stieg er in den Handel mit Streichhölzern ein. Das war im Schweden der dreißiger Jahre offenbar genauso populär, wie etwa siebzig Jahre später sinnlose Internetfirmen zu eröffnen. Kamprad begann mit einer Großpackung Streichhölzer, deren hundert Einzelschachteln er an die Bewohner seiner kleinen südschwedischen Welt verkaufte. Die Erwachsenen fanden den kleinen Nachwuchszündholzkönig so drollig, dass der Junge im Schnitt etwa 100 Prozent Gewinn pro Schachtel machte. Der Kindergartenkapitalist Kamprad hatte die wichtigste Kaufmannslektion gelernt: Große Warenkontingente günstig kaufen, einzelne Einheiten teurer weiterverkaufen.

Bald verhökerte der Junge auch andere Waren: Weihnachtskarten, Stifte, Wandschmuck oder Preiselbeeren, die er in den Wäldern seiner Heimat Småland gesammelt hatte. Die erste – quasi prähistorische – Ikeanerin war seine Großmutter Franziska, die 1896 mit ihrem Mann Achim

Erdmann Kamprad aus Sachsen nach Schweden eingewandert war.

Franziska galt als streng, diszipliniert und sehr sparsam. Nur ihrem Enkel kaufte sie Waren zu fast jedem Preis ab. Man kann sich die ersten kaufmännischen Versuche Kamprads mit seiner Oma vorstellen wie eine kapitalistisch geprägte Version von Astrid Lindgrens Kindern aus Bullerbü – die Schriftstellerin war nicht weit von Kamprads Zuhause aufgewachsen. Lasse und Bosse spielten Verstecken in der Scheune, Ingvar und Großmutter Franziska spielten Verhandeln in der Küche. Zuerst lernte er von der Oma das Feilschen, im Kaufmannsladen seines Großvaters mütterlicherseits dann später den Umgang mit Waren.

Der junge Kamprad machte alles zu Geld. Wenn er am nahen Möckelnsee angeln ging, tat er das nicht zur Zerstreuung – er fischte vielmehr, um sein Warensortiment zu erweitern. Als Elfjähriger bestellte er Saatgut in einer Samenhandlung in Nassjö und verkaufte die Tütchen einzeln an die lokalen Kleinbauern weiter. Seinen Gewinn investierte er und erwarb ein Fahrrad – das erweiterte den Radius des Händlers – und eine Schreibmaschine.

Auch während seiner Zeit auf der Schule und dem Internat verkaufte Kamprad alles, was sich zu Geld machen ließ – Stifte, Uhren, Brieftaschen, Gürtel. Der Junge spürte eine Lust dafür, Geld zu verdienen, zu handeln, zu kaufen. Er war stets ein Kaufmann, kein Möbelenthusiast. Kamprad sagte einmal über sich selbst: »Ich habe keinen eigenen Geschmack, ich könnte nicht einmal mein eigenes Zimmer möblieren.« Ikea hätte genausogut auch der erste H&M werden können, wenn es sich in der Jugend Kamprads angeboten hätte, Textilien zu verkaufen, denn das Produkt, mit dem er handelte, war immer eher zweitrangig.

Ingvar Kamprad aus Elmtaryd in der Pfarrgemeinde Agunnaryd gründet Ikea

Die schwedische Krone rollte reichlich, und Ingvar Kamprad beschloss ein Unternehmen zu gründen. Als Siebzehnjähriger ließ er seine Firma Ikea am 21. Juli 1943 in das Handelsregister eintragen. Den Firmennamen setzte er aus den Initialen seines Namens sowie den Anfangsbuchstaben seines heimatlichen Hofs Elmtaryd und der nahen Pfarrgemeinde Agunnaryd zusammen. Kamprad blieb seiner Strategie treu: kaufen und verkaufen, egal was.

Nachdem er die höhere Handelsschule abgeschlossen hatte, arbeitete Kamprad eine Weile als Angestellter in einer Geschäftsstelle des schwedischen Waldbesitzerverbandes. Auch hier drang der Kaufmann in ihm durch. Er trieb eine große Menge Aktenordner zu einem günstigen Preis auf und verkaufte sie an seinen Arbeitgeber. Auch während des Wehrdiensts, den er 1947 absolvierte, betrieb er sein Versandunternehmen munter weiter – der Rekrut Kamprad hatte Nylonstrümpfe, Samen, Grußkarten, Brieftaschen, Füllfederhalter, Kugelschreiber, Uhren und billigen Schmuck im Angebot.

Dann ergab sich die Möglichkeit für ein Geschäft mit größeren Waren. Eine Firma in Liatorp – heute heißt eine Ikea-Produktlinie nach diesem Ort – am Möckelnsee stellte einfache Sessel ohne Lehne her. Kamprad taufte den

Sessel *Rut*, inserierte in Zeitungen und traf einen Nerv. *Rut* verkaufte sich wie Hotdogs zu einem Euro.

Der Jungunternehmer nahm bald einen Couchtisch, eine Bettcouch und einen Kronleuchter ins Sortiment. Er war so erfolgreich, dass er 1948 mit dem Buchhalter Ernst Ekström seinen ersten Angestellten anwarb. Im gleichen Jahr ließ er dem Verbandsblatt der Landwirte, das eine Auflage von zweihundertfünfundachtzigtausend Exemplaren hatte, erstmals einen Prospekt beilegen – der Ur-Ikea-Katalog, auch wenn laut offizieller Firmenhistorie 1951 der erste Ikea-Katalog erschien. Seine Firma wuchs in eine größere Dimension.

Von Anfang an fing Kamprad seine Kunden über den Preis. Doch die anderen Möbelversandhändler Schwedens zogen stets nach. Hatte Ikea ein Möbel preisgünstig inseriert, unterbot die Konkurrenz den Unternehmer mit noch günstigeren Preisen. Das legte den Grundstein zu einer Legende, die sich bis heute hält: Die ständigen Preissenkungen gingen irgendwann zu Lasten der Qualität. Und so erreichten Kamprad zu Beginn der fünfziger Jahre immer mehr Briefe, in denen sich Kunden darüber beschwerten, dass die Ikea-Ware nichts taugte. Die Menschen mussten *Rut* und die anderen Möbel damals zwar noch nicht selbst zusammenbauen, aber trotzdem bekamen sie die Ware häufig nur in Einzelzeilen und konnten damit bloß mehr den strengen schwedischen Winter mit etwas Wärme aus dem Ofen mildern. Die Kunden verloren das Vertrauen zu Ikea, Vertrauen ist jedoch das wichtigste Kapital eines Versandhändlers.

Kamprad selbst hatte wenigstens zu Sven Göte Hansson Vertrauen. Den hatte er nach einem Vorstellungsgespräch eingestellt, das der Legende nach unglaubliche dreißig Stunden dauerte. In dieser Zeit hätten die zwei Männer lässig eine ganze Ikea-Küche zusammenschrauben können, vorausgesetzt, sie hätten die Aufbauanleitung verstanden. Gemeinsam ersannen sie nun den Plan für die erste Möbelausstellung. In einer ehemaligen Schreinerei in Almblad in Älmhult konnten Kunden seit dem 18. März 1953 Ikea-Möbel begutachten und anschließend bestellen, anstatt den Sessel *Rut* unbesehen aus dem Prospekt zu ordern. Die Kombination aus einem Katalog, in dem die Kunden eine Vorauswahl treffen konnten, und dem ersten Möbelhaus, in dem sich die Ware überprüfen ließ, war ein Erfolgsrezept. Ohne die Idee der beiden Männer wären uns verkaufsoffene Sonntage bei Ikea, bei denen sich aggressive, mit Inbusschlüsseln und Einkaufstüten ausgerüstete Kombattanten gegenüberstehen, wohl erspart geblieben. Wir könnten unsere Wochenenden stattdessen in Frieden verbringen.

Aber die Menschen strömten in Massen in das Möbelhaus in Älmhult. Kamprads Umsätze bemaßen sich nicht mehr in Öre wie zu seinen Streichholzprinzenzeiten. Es waren Millionen schwedische Kronen, die er mittlerweile umsetzte.

Dann erfand Ikea *Max*, den ersten Tisch, den die Kunden selbst zusammenbauen mussten. Das sparte Versandkosten und gewährleistete, dass sich *Max* während des Versands nicht seine Beine brach. Es dauerte noch etwas, bis

Kamprad darauf kam, dass die Kunden die Möbel ja dann gleich selbst transportieren könnten, wenn sie schon Einzelteile erhielten. Diese simple Idee machte Ikea immer erfolgreicher.

Ikea – heute Sinnbild des anständigen Unternehmens – hatte damals mächtige Feinde. Schwedens etablierte Möbelhändler nervte der junge Konkurrent, der das Design ihrer Möbel abkupfern ließ und die kopierte Ware dann billiger anbot, als sie es konnten. Der Verband der schwedischen Möbelhändler wehrte sich und verschaffte Ikea dadurch letztlich erst den Durchbruch. Die etablierten Unternehmen übten Druck auf die Firmen aus, die Möbel an Ikea lieferten: Würden sie weiter an Kamprad verkaufen, würden künftig die Aufträge der großen Möbelhändler ausbleiben. Ikea wehrte sich eine Weile, indem es verwirrend viele Tochterunternehmen gründete, in deren Namen die Möbel bestellt wurden. Irgendwann stieß Kamprad damit jedoch an seine Grenzen.

Die Globalisierung der Ikea-Welt

Anfang der sechziger Jahre war der Druck so groß geworden, dass Kamprad in den Ostblock auswich. Dem Unternehmer gelang es, die polnische Regierung zur Zusammenarbeit zu bewegen. Nun lieferten Betriebe aus dem kommunistischen Land während des Kalten Krieges Möbel nach Schweden, für die Kamprad im Einkauf nicht einmal die Hälfte des Preises zahlen musste, den sonst die schwedischen Produzenten verlangten.

Kamprad war ein Pionier der Globalisierung. Lange vor

anderen Unternehmen hatte er die Produktion seiner Waren in Billiglohnländer ausgelagert, um die Möbel auf dem Heimatmarkt mit gutem Gewinn zu verkaufen. Heute stammt fast ein Viertel der Ikea-Waren aus China. Das erste Billiglohnland im Ikea-Imperium aber war Polen. In den siebziger und achtziger Jahren ergab sich dadurch die paradoxe Situation, dass der Ostblock ganz Westdeutschland möblierte. Die meisten *Billy*-Regale – der Ikea-Klassiker kam 1978 auf den Markt – wurden damals in der DDR produziert. Die übrigen Kiefernholzmöbel für das studentische Milieu der BRD lieferten polnische Betriebe. In Schweden stammte eine Zeitlang jedes zweite Ikea-Möbelstück aus Polen. Kamprad konnte dadurch seine Konkurrenten im Preis stets unterbieten, die schwedischen Möbelhändler hatten ein Eigentor geschossen.

Zunächst hatte Kamprad das Ausland nur als Produktionsstandort in sein Imperium in spe eingegliedert. Parallel dazu begann er dann aber, auch andere Länder mit seinen Möbeln zu beglücken. 1963 eröffnete Ikea in Norwegens Hauptstadt Oslo die erste Niederlassung außerhalb Schwedens. Seinen Anspruch auf die Herrschaft im Reich der schwedischen Möbel meldete Kamprad 1965 an, als er in Stockholm seinen Flagship-Möbelmarkt an der Kungens Kurva eröffnete. Der Unternehmer hat sein Flaggschiff besser geplant als Jahrhunderte zuvor Gustav II. Adolf. Zur Eröffnung stürmten Tausende Menschen die einunddreißigtausend Quadratmeter große Filiale. Zwar ereilte das Möbelhaus ein ähnliches Schicksal wie die »Vasa« – es brannte 1970 aus –, aber auch daraus machte Kamprad einen Vorteil. Er verhökerte alles, was sich noch verkaufen ließ, zu sensationellen Preisen und gewann so Legionen neuer Ikea-Jünger. Das Möbelhaus an der Kungens Kurva aber baute er wieder auf, diesmal mit einem Restaurant und den ersten Spielecken für Kinder – heute ist es die größte Filiale im weltweiten Reich der Möbel zum Selberaufbauen.

Ikea expandierte 1969 nach Dänemark und eröffnete eine Filiale in Kopenhagen. Vier Jahre später zog Kamprad mit seiner Familie selbst nach Dänemark, um den schwedischen Finanzbehörden zu entgehen. 1978 verlegte er seinen Wohnsitz dann nach Lausanne in der Schweiz – dort musste der Sparfuchs noch weniger Steuern zahlen. Seit 1973 verkaufte in Zürich bereits ein Ikea-Markt Möbel, 1974 standen die Schweden schließlich in München-Eching. Es folgten Australien (1975), Kanada (1976), Österreich (1977), die Niederlande (1979), Frankreich (1981), Belgien (1984) und die USA (1985).

Land um Land, Stadt um Stadt. Am 1. September 2008 fanden die Ikea-Strategen die folgenden Eckdaten auf ihren Landkarten: In siebenunddreißig Ländern verkauften insgesamt zweihundertfünfundachtzig Ikea-Einrichtungshäuser die Waren des Konzerns. Bis zum Ende des Geschäftsjahres am 31. August 2009 sollen noch fünfundzwanzig weitere Filialen in Belgien, China, Deutschland, Finnland, Frankreich, Irland, Italien, Japan, Polen, Russland, der Schweiz, Großbritannien und den USA eröffnen. Es kommt sogar noch vor, dass Ikea in seinem Heimatmarkt Schweden einen neuen Standort eröffnet, obwohl die Skandinavier sicher längst nicht mehr wissen, wohin mit dem Kram, mit dem sie seit den fünfziger Jahren ihre Wohnungen verstopfen. 2006 war dies in Haparanda der Fall – »das nördlichste Möbelhaus« der Welt, jubelte die

Ikea-Website und erklärte auch gleich, warum Ingvar Kamprad mit seinen Möbeln selbst bis zum Polarkreis vorstößt. Die Filiale liege dort sehr günstig, da sie von Norwegen, Schweden, Finnland und Russland aus gleichermaßen gut erreichbar sei. Das klingt logisch, und der Wippstuhl *Poäng* lässt sich sicherlich mit ein paar Handgriffen zu einem polartauglichen Hundeschlitten umrüsten.

Weltweit machte Ikea im Geschäftsjahr 2007 einen Umsatz von 19,8 Milliarden Euro. Das waren 14 Prozent mehr als im Geschäftsjahr zuvor und fast viermal so viel wie 1997, als das Unternehmen noch 5,4 Milliarden Euro umsetzte. Ikea ist weltweit der unangefochtene Platzelch unter den Möbelhändlern. Der mit Abstand wichtigste Markt ist nach wie vor Europa – dort wurden 82 Prozent des Umsatzes erwirtschaftet. Der wichtigste Einzelmarkt ist seit Jahrzehnten Deutschland. Hier sorgten die Menschen für 16 Prozent des Gesamtumsatzes des Konzerns. Die Amerikaner, Nummer zwei der ikeanisierten Völker, trugen nur 10 Prozent zum Jahresumsatz bei. Dahinter folgten Großbritannien und Frankreich (jeweils 9 Prozent) sowie Schweden (7 Prozent).

In Deutschland war Ikea 2007 mit einem Jahresumsatz von 2,95 Milliarden Euro natürlich auch die Nummer eins auf dem Möbelmarkt. Auf dem zweiten Platz rangierte die Höffner-Gruppe mit einem Umsatz von 1,8 Milliarden Euro. Das Unternehmen, das die Möbelhäuser mit dem Namen XXXLutz betreibt, verkaufte dagegen für 1,57 Milliarden Euro Möbel und Schnickschnack.

Der Planet ist schon von einem zarten Blaugelb überzogen, doch Ikea hat noch lange nicht genug. Die Expansion nach Osten, etwa durch die Eröffnung der Filialen im chinesischen Chengdu oder jener im russischen Ekaterinburg, demonstriere »unsere Geschlossenheit, eine noch größere Zahl von Menschen zu erreichen«, heißt es in einer Ikea-Broschüre. Die Maschinerie des Ingvar Kamprad wird niemals ruhen, nicht in den nächsten Jahren, nicht nach dem Tod des Firmengründers, auch nicht wenn der letzte Flecken der Welt komplett mit Ikea-Möbeln eingerichtet ist.

Das Ikea-Imperium ist bereits so groß geworden, dass wir wohl bald Aufkleber für unsere Volvo-Kombis drucken lassen können, auf denen eine Abwandlung der Weissagung der Kree stehen sollte – jenes Slogans, den ökologisch bewegte Menschen in den achtziger Jahren auf das Heck ihrer Autos klebten, bevor sie in den Urlaub nach Schweden aufbrachen: Erst wenn die letzte Kiefer geschreddert, die letzte Pressspanplatte verschraubt, im allerletzten Haus *Billy* steht und Kamprads Konten platzen, dann werdet ihr sehen, dass die ganze Welt im gleichen Wohnzimmer haust.

Ikea als Beziehungskiller

Prüfungszentrum für Paare!

Anfang des Jahres 2007 überraschte uns der finnische Premierminister Matti Vanhanen. Der liberalkonservative Politiker der finnischen Zentrumspartei ist so etwas wie der Christian Wulff des Nordens. Der ehemalige französische Präsident Jacques Chirac nannte den einen Meter neunzig großen Regierungschef zwar einmal den »attraktivsten Mann Finnlands«, doch es heißt, Vanhanen trete hölzern auf und habe den Charme einer Wanderdüne.

Der finnische Premier bestreitet seine Wahlkampfauftritte gerne in dunkelbrauner Cordhose mit nicht ganz so dunkelbraunem Pulli. Ebenso langweilig war das Privatleben des 2005 unspektakulär geschiedenen Politikers, bis eine gewisse Susan Kuronen Anfang 2007 ein Buch mit dem Titel »Die Braut des Ministerpräsidenten« veröffentlichte. Das Werk wurde ein Bestseller, und ganz Finnland erfuhr, dass der Ministerpräsident nach seiner Scheidung beziehungsmäßig recht aktiv war und dass er seine Affäre mit Susan Kuronen per SMS mit seinem Nokia beendet hatte.

Letzteres erwarten wir natürlich von einem finnischen Premier. Die Nation las außerdem, dass Vanhanen seine Affäre über eine Kontaktanzeige bei einer Partnerbörse im Internet kennengelernt hatte. Das war dem Politiker peinlicher als das Gerücht, er habe seine Geliebte mit dem Nokia und den knappen Worten »Das war's« abserviert, was selbst die Handynation Finnland in der Mehrheit recht rüde findet.

Vanhanen mühte sich redlich, die Sache mit dem Internet aus der Welt zu schaffen, und tischte eine Version auf, die als eigentliche Überraschung die ganze Geschichte überstrahlen sollte. Der Premier teilte mit, er habe Susan Kuronen während eines Einkaufs bei Ikea kennengelernt. Das klang doch sehr viel boden- und anständiger als die schmuddeligen Online-Partnerbörsen. Ein allzu menschlicher Premier, der sich zwischen Teelichtern und Hochregallagern in eine Frau verliebt und diese Liebe über Inbusschlüssel und Holzsteckzapfen hinaus ausbaut, bis das emotionale Gefüge auseinanderbricht. Das Erstaunen war groß, und Vanhanen tat von da an, was den meisten finnischen Männern sonst nur unterstellt wird: Er schwieg. So überstand er die gehässigen Kommentare der politischen Beobachter, als sei er eine beschichtete Pfanne aus der Selbstbedienungshalle des Ladens, in dem sein Liebesabenteuer angeblich seinen Anfang genommen hatte.

Was dabei unterging, war die Chuzpe, die Dreistigkeit, mit der Vanhanen die Geschichte einer erotischen Begegnung in das Möbelhaus Ikea verlegte. Dorthin, wo sie nichts verloren hat. Das Erstaunen über seine Flirtbeichte muss so groß gewesen sein, dass keiner mehr die entscheidende Frage stellte: Wie ist das möglich? Ikea führt Mann und Frau doch in der Regel nicht zusammen. Stattdessen läutet ein Einkauf dort eher das Ende einer gemeinsamen Zeit ein. Die Trennungs-SMS des Premiers hätte folgerichtig nach dem Besuch bei Ikea kommen müssen und nicht erst dessen langfristige Folge sein dürfen.

Küche mit Kummerkasten

Die Geschichte des finnischen Premiers klingt falsch und wenig überzeugend, denn in erster Linie ist Ikea kein Möbelhaus. Seine eigentliche Bedeutung hat das Unternehmen als Pärchen-TÜV. Das hat offenbar auch der Paartherapeut John Gottman erkannt. Der Amerikaner ist der weltweite Star seiner Zunft. Über dreitausend Paare hat er in seinem Ehelabor bereits beim Streiten beobachtet, und Gottman sagt von sich, er brauche nur wenige Minuten, um dabei zu erkennen, wer eine gemeinsame Zukunft hat und wer nicht. Eines seiner Instrumente, mit denen er Paaren einen Anlass zum Streiten liefert, könnte auch »Die Ikea-Methode« heißen. Mann und Frau bekommen Papier, Klebeband, Faden und Schere und die Aufgabe, die Zutaten gemeinsam binnen dreißig Minuten zu einem stabilen und hübschen Papierturm zu verbinden.

Das geht selten gut, aber das weiß jeder, der schon einmal bei Ikea war und anschließend mit dem Partner etwas zusammenbauen wollte, das sich auch nur annähernd so widerspenstig aufstellen ließ wie eine *Faktum*-Küchenzeile.

Aber wer einen gemeinsamen Einkauf dort übersteht, ohne an Trennung oder Scheidung zu denken, der hat wirklich den Partner fürs Leben gefunden oder zumindest Klarheit darüber gewonnen, dass der aktuelle Begleiter nur ein Gefährte auf Zeit bleiben wird – wie die Möbel, die hinten im Kofferraum liegen. Und so ein Test, der sollte doch erst nach einiger Zeit erfolgen, wir wollen schließlich eine Affäre nicht gleich dort beginnen, wo sie von der ersten Minute an einer Zerreißprobe unterzogen wird, sondern erst etwas unbeschwerte Zeit erleben. So war eine Schreiberin beim Internet-Sorgendienst Kummerkasten.de ganz zu Recht misstrauisch, dass sich ein Mann, den sie im Internet kennengelernt hatte, zum ersten Date bei einem Ikea mit ihr treffen wollte.

Da ist mein Bekannter Ulli eine absolute Ausnahme. Der Mittdreißiger ist ein eher rationaler Mensch, der die Bedeutung Ikeas als Beziehungsprüfinstrument früh erkannt hat. Ulli ist Lehrer für Mathematik und evangelische Religion an einem Münchener Gymnasium. Als er sich in seine Kollegin Katrin verliebte und mit ihr zusammenkam, spöttelten die Kollegen wegen der Fächerkombination der beiden verliebten Studienräte: Katrin lehrt Latein und ausgerechnet katholische Religion. »Unser ökumenisches Projekt« wurde die Liebe der beiden bald genannt. Und statt beim Papst in Rom nachzufragen, ob denn ein gemeinsames Abendmahl aus theologischer Sicht möglich sei oder der gemeinsamen Zukunft im Wege stehe, entschied sich Ulli, seine Beziehung lieber von den Profis aus Schweden testen zu lassen.

Katrin und Ulli fuhren zu Ikea, und zwar nach nur vier gemeinsamen Wochen. Das war extrem mutig und verdeutlicht, wie wichtig es Ulli war, früh zu erkennen, ob seine frische Beziehung wirklich eine Liebe fürs Leben war.

Das Ergebnis dieses Prüfverfahrens der Ikea-Stiftung Pärchentest war überragend. Katrin suchte und fand eine neue Arbeitsfläche für ihre Küche, widerstand den Versuchungen der Markthalle, und auch nach der Kasse, als sich die beiden geröstete Zwiebeln auf ihren Hotdog zu je einem Euro häuften, war das Paar noch immer glücklich und entspannt. Ulli baute Katrin zu Hause die Küchenarbeitsfläche auch noch erfolgreich und ohne Streit ein. Nebenbei nutzten die beiden die Bühne Ikea – wenn auch unfreiwillig –, um ihre Liebe offiziell zu machen. Die beiden Lehrer wurden von einigen ihrer Schüler dabei gesehen, wie sie durch die Möbelausstellung gingen. Da brauchte es weder Kuss noch Umarmung, selbst diesen Zehntklässlern war sofort klar, was es bedeutet, wenn Mann und Frau gemeinsam zu Ikea fahren. Ich bin mir sicher, dass Herr Gottman noch nie so ein Paar in seinem Ehelabor getroffen hat.

»Heike, ich dreh durch!«

Leider ist das Internet voller Beiträge, in denen Männer darüber lamentieren, dass sie mit ihrer Frau oder Freundin zu Ikea fahren müssen. »Ihre Ikea-Sucht. Heute Abend muss ich schon wieder in dieses Irrenhaus!« So antwortete zum Beispiel ein Nutzer der Online-Ausgabe der *Süddeutschen Zeitung* auf eine Umfrage, mit welcher Macke der Partner oder die Partnerin einen in den Wahnsinn treibe. »Mit Wohnungsumstellaktionen« war eine andere gern genommene Antwort, die offensichtlich auch von Männern kam. Auch ich nutze das Thema Ikea gerne, um all die erzwungenen Stunden zu betrauern, die mir die Freundin dort beschert hat.

Die typischen Szenen, die sich in den Möbelmärkten üblicherweise zwischen Mann und Frau abspielen, gehen in eine andere Richtung. In jene etwa, die in einem Netz-Forum geschildert wurde. Da schiebt sich eine Familie an einem Samstagnachmittag durch die drängelnden Reihen der Ikea-Möbelausstellung. Der übliche Wahnsinn, den der Schriftsteller Wiglaf Droste kurz und treffend zusammengefasst hat: »Menschen pesen durch Ikea / Kinder riechen nach Nivea / Müssen Pipi, wollen Nesquick / Bonbons, Eis, verbreiten Hektik / hier das Bausatzbett heißt Leksvik.« Von hinten wird geschoben, weiter vorne in der Karawane auf dem Möbelpfad bleibt jemand stehen. Alles staut und quetscht sich. Die Kinder quengeln, die Frau begutachtet, der Mann will weiter, kann aber nicht, fühlt sich gefangen. Der Mann kriegt einen roten Kopf und schreit über die anderen Kunden hinweg in Richtung seiner Frau: »Heike, ich dreh durch.«

Für viele Männer fasst dieser Satz die gemeinsame Ikea-Erfahrung mit ihren Partnerinnen zusammen. (Natürlich gibt es auch Männer, die gerne dorthin fahren. Das habe ich während der Recherche überraschend feststellen müssen. Selbstverständlich hätte ich lieber etwas anderes gehört. Genauso von den Frauen, die mir gesagt haben, dass ein Samstag bei Ikea für sie die Hölle ist.) Trotzdem hat sich der gemeinsame Shopping-Trip beim blaugelben Familienglück am Stadtrand weltweit zu einem weitverbreiteten Ritual entwickelt, seit Ingvar Kamprad aus den Wäldern Smålands aufgebrochen ist, um der Welt Produkte aus den Bäumen seiner Heimat zu verkaufen.

Ein Ikea-Markt am Samstag ist das Reich der Paare, jung, alt, entspannt, angespannt. Die Frau redet, der Mann schaut. »Das würde doch gut ins Schlafzimmer passen.« Der Mann nickt. Frau jetzt herrisch: »Da musst du schauen, wie tief das ist und wie breit das ist.« Der Mann macht eine hilflose Bewegung, die Frau nimmt ihm das Maßband ab.

Weltweit berichten Psychologen und Paartherapeuten von Männern und Frauen, die sich dank Ikea in die Haare bekommen haben. Der britische *Independent on Sunday* zitiert eine Eheberaterin von Relate, einer ehrenamtlichen Organisation, an die sich Paare in Not wenden können: »Nach meiner Erfahrung sorgen Besuche bei Ikea bei Paaren vor allem für Streit und Frustration«, sagt Denise Knowles.

Bei einem Rundgang durch einen beliebigen Ikea-Markt ist diese Frustration nicht zu übersehen. Stellen Sie sich als Mann mal in ein Eck am Rande des Trampelpfads, auf dem uns die Schweden durch ihre Verkaufsräume lotsen, am besten unten in den Markthallen. So, dass Sie eine Wand im Rücken haben, sich vielleicht anlehnen können und Sicherheit besteht, dass Sie, Entschuldigung, du, lieber Ikea-Kunde, von den übrigen drei Seiten nicht angerempelt werden kannst. Es wird nicht lange dauern, bis sich andere kümmerliche Häuflein Mann zu dir ins Abseits stellen.

Seit es mir zum ersten Mal aufgefallen ist, sehe ich immer wieder Gruppen, von zwei, drei, vier Männern am Rande des Stroms. Stillschweigend stehen sie da, vereint in ihrem Leid, und warten in gerade noch Anonymität wahrendem

Abstand darauf, dass ihre Frauen Stoffe, Leuchtmittel oder Topfpflanzen in den gigantischen Einkaufswagen gelegt haben. Ich glaube, wir kaufen vor allem deshalb jedes Mal so viel bei Ikea, weil die meisten Männer hoffen, dass dann wirklich alles besorgt ist und sie nicht noch einmal dort hinfahren müssen.

Die Leiter des Ikea-Markts in Elizabeth, New Jersey, haben die wartenden Männer übrigens als finanziellen Vorteil des Konzerns entdeckt. Als ihnen auffiel, dass die männlichen Begleiter vor allem in der Textilabteilung des Marktes ratlos herumstanden und nicht so recht wussten, wohin mit sich, bauten die Mitarbeiter direkt neben den Stoffen und Teppichen eine große Auslage mit Werkzeug auf. Man habe seitdem wie verrückt Schraubenzieher verkauft, jubelte der Marktleiter anschließend.

Scheidungsgrund Shopping

Ikea ist deshalb ein Prüfungszentrum für die Belastbarkeit von Beziehungen, weil es dort um zwei zentrale Themen geht, die Mann und Frau betreffen und höchst unterschiedlich bewertet werden: Shopping und Einrichtung. Beides sind Dinge, die Frauen eher mögen als Männer. Aber damit ich nicht gleich als Sexist angegiftet werde, führe ich Zahlen aus der Wissenschaft an. So haben amerikanische Studien ergeben, dass Frauen ohne Kerl im Schlepptau in etwa doppelt so lange in einem Laden bleiben, als wenn sie in Begleitung eines Mannes da sind. Die Zeitmessungen in einer amerikanischen Haushaltswarenkette ergaben folgendes Ergebnis: In weiblicher Begleitung blieben Frauen durchschnittlich acht Minuten und fünfzehn Sekunden in dem untersuchten Laden. Kamen sie in Gesellschaft eines Mannes, reduzierte sich die Verweildauer auf durchschnittlich vier Minuten und einundvierzig Sekunden. Das Gleiche gilt auch für die Umsätze. Eine Frau mit männlicher Begleitung gibt im Schnitt deutlich weniger aus als die Traumbesetzung aller Ladenbesitzer: zwei Freundinnen mit zwei Kreditkarten.

Daraus lässt sich zweierlei folgern: Der Mann ist der natürliche Feind jedes Marketingstrategen, und Frauen bereitet es offenbar größeres Vergnügen einzukaufen als Männern; besonders dann, wenn sie ohne lästige männliche Begleitung stöbern, vergleichen und kaufen können. Das nämlich ist die Kehrseite. Wenn es ums Einkaufen geht, sind Männer ein Problem – außer man schickt sie in den Elektromarkt. Nicht nur Christina, eine alte Schulfreundin, beklagt, dass ihr Mann so schwer zu überzeugen ist, mit ihr zu Ikea zu fahren, obwohl er doch wisse, dass sie schon am Tag vorher vor Freude ganz unruhig ist. Gäbe es weder die *Köttbullars* im Ikea-Restaurant noch die Hotdogs gleich nach den Kassen, dann würde er nie mitkommen, hat Christina gesagt. Die Verköstigung bei Ikea darf als beziehungsrettende Maßnahme nicht unterschätzt werden.

Dann sollen sie eben zu Hause bleiben und nicht so viel meckern, die Männer, oder? Machen sie ja schon. Bei Ikea sind etwa 70 Prozent der Kunden Frauen. Mit den übrigen 30 Prozent, den Männern nämlich, müssen die Manager irgendwie zurechtkommen. Das heißt, sie wollen sie unbedingt zähmen. Aus zwei Gründen: Im Marketingjargon werden Männer »Brieftaschenträger« genannt. Das heißt, sie entscheiden vor allem bei großen und teuren Anschaffungen mit, und irgendwie will Ikea auch seine Einbauküchen loswerden. Deshalb sollen Männer auf keinen Fall zu Hause bleiben.

Da sich aber kein anderer Faktor so stark und positiv auf den Verkauf auswirkt wie die Verweildauer in einem Laden und Männer diese Dauer nicht nur bei Ikea möglichst gering halten wollen, versucht das Unternehmen den Brieftaschenträger bei der Vorhangstange zu halten. Der amerikanische Shopping-Forscher Paco Underhill empfiehlt Läden deshalb, Kurz- und Langzeitparkplätze für Männer einzurichten. Daran hält sich Ikea nur bedingt. Gut, wozu soll das Einrichtungshaus Sitzgelegenheiten für Männer anbieten, wo doch zig Sofas im Haus herumstehen? Die Möbelausstellung bietet sowieso zahlreiche Rückzugsmöglichkeiten. Allerdings ist es dort stets so übersichtlich, dass sich niemand ganz aus der Produktsuche des Partners zurückziehen kann. In den Markthallen im Erdgeschoss ist Ikea dann gnadenlos, da müssen genug windstille Ecken für die männlichen Kunden sein, die selbst die kurze Zeit zum Rückzug nutzen müssen, die ihre Partnerinnen brauchen, um hektisch Teller, Tassen, Tücher und Teppiche in die Einkaufswagen zu schaufeln und dann zur nächsten überquellenden Palette mit irgendetwas wahnsinnig Praktischem zu eilen.

Die ganz harten Fälle haben gleich zu Beginn der Möbelausstellung in der Männeraussonderungszone in jedem Markt die Chance, links in Richtung Restaurant abzubiegen. Dort hat Ikea seit einigen Jahren in manchen Märkten eine Art Männer-Småland eingerichtet. Während eine Etage tiefer die Kinder als Blaubeere verkleidet um

Pappbäume herumtoben, sitzt Papi oben in der Sports-Corner und soll sich von C-Klasse-Sportarten auf Eurosport sedieren lassen.

Die Männer-Aufbewahrungsecke ist meistens schlecht besetzt. Als ich das letzte Mal dort vorbeigeschaut habe, lief gerade Frauen-Gewichtheben. Das klingt nach einem schrecklichen Klischee, war aber tatsächlich so. Es saß kein einziger Mann in der Sports-Corner. Das mag auch daran liegen, dass es dort so hell und freundlich ist und das ganze Restaurant zusehen kann, wie sich ein einsamer Besucher ein Weizenbier einschenkt, während riesige Frauen noch viel größere Hanteln stemmen und dabei schreien wie die Elche, die weiter vorne im Restaurant in Gulaschform anwesend sind. Da ist es doch weniger peinlich, sich durchs anonyme Gewühl durchzukämpfen, als sich als offensichtlicher Sport-und-Bier-Rohling und Beziehungsverweigerer angaffen zu lassen.

Wahrscheinlicher aber ist, dass einem die Shopping-Chefin gar keine Wahl gelassen hat und die Sports-Corner nie eine realistische Alternative zur Möbelausstellung war.

Schnäppchen kommt von schnappen

Ikea kann es sich im Gegensatz zu anderen Geschäften leisten, etwas ruppiger mit Männern umzuspringen. Die Entscheidung, den Markt zu besuchen, fällt viele Kilometer entfernt. Die Filialen liegen an den Autobahnen außerhalb der Städte, und wer da erst mal hingefahren ist, der wartet nicht draußen auf dem Parkplatz, bis die bessere Hälfte wieder da ist. Ikea muss vor Ort kaum mehr Überzeugungsarbeit leisten, um Männer in die Arena der Beziehungskonflikte zu locken.

Sie kommen, aber mit ihnen kommen die nächsten Probleme: Männer wollen kommen, nur kurz gucken, dann schnell kaufen. Die meisten von ihnen sind froh, wenn sie so schnell wie möglich wieder aus den Läden verschwinden können. Formulieren wir es positiv: Männer sind entschlussfreudiger – vielleicht auch weniger wählerisch, aber das wäre nun wieder zu negativ. Es klingt, als ließen wir uns jeden Mist andrehen.

Die Shoppingforschung – was für ein schönes Wort – hat das am Beispiel Jeans untersucht. So kauften laut einer Studie 65 Prozent der Männer genau die Jeans, die sie mit in die Umkleidekabine genommen hatten. Die Frauen waren weitaus wählerischer: Bei ihnen nahmen nur 25 Prozent die Jeans aus der Umkleide auch mit zur Kasse.

Andi, mein Schlagzeuglehrer, beschwert sich gerne darüber, dass seine Frau bei Ikea so lange durch die Auslagen stöbert, während er längst bereit wäre, die Schlange an der Kasse zu verlängern. Ingo – nicht der Esstisch, sondern ein Bekannter – beteuert, dass er und seine Frau sich bei jedem Ikea-Besuch streiten. Sie könne sich nicht entscheiden, motzt Ingo, und er entscheide sich immer viel zu schnell für das Falsche, schimpft sie. Erst nach dem erlösenden Hotdog am Schweden-Shop sei dann alles wieder in Ordnung.

Dieses Muster ist universell. Auch Herr Liu aus China verriet bei der Eröffnung des Ikea-Marktes in Peking Reportern des *Handelsblatts*: »Ich will in zwanzig Minuten einkaufen, zahlen und dann weg sein.« Alles, was Herrn

Liu von Andi und Ingo und anderen Ikea-erfahrenen Männern unterscheidet, ist sein ungebrochener Optimismus, dass sein Plan die Chance hat aufzugehen. Schnell einkaufen, das kann er allein. Zu zweit nicht, egal ob Herr Liu in Peking oder Palma de Mallorca sein Pressspanmöbel erwirbt.

Selber schuld

Wir Männer sind natürlich mal wieder selber schuld. Daran nämlich, dass Frauen so gerne shoppen gehen. Dazu gibt es im Wesentlichen zwei Erklärungsansätze. Der eine taugt für Bücher wie *Warum Frauen schlecht einparken und Männer schlecht zuhören* und reißt wahrscheinlich nur noch Leander Haußmann, den Regisseur der unsäglichen Verfilmung dieses Unsinns, vom Hocker: Der Mann jagte früher das Mammut, und dabei sind langes Überlegen oder Abwägen tödlich. Es wäre keine gute Idee, erst zwischen den Mammuts einer Herde hindurchzuflanieren und dabei die Qualität des Fleisches der Tiere zu prüfen.

Nein, wer das Mammut erspäht, der schlägt blitzartig zu und haut dann so schnell wie möglich ab, bevor doch noch was passiert. Und zwar zurück in die Höhle, wo der Urzeitmann die Urzeitfrau zurückgelassen hat, auf dass sie sich um Feuer, Nachwuchs und die Zubereitung der Speisen kümmere. Beeren sammeln könne sie auch ein bisschen, hat der Urzeitmann angeblich noch gesagt, bevor er auf die Jagd ging, und da ist doch klar, dass Frauen suchen, prüfen und vergleichen mussten, damit nichts Giftiges ins Körbchen kam. Klingt platt, haben sich Evolutionspsychologen und andere Evolutionsforscher aber so ähnlich ausgedacht.

Die andere Erklärung klingt einleuchtender, auch wenn es im weitesten Sinne abermals um eine Höhle geht. Das Patriarchat habe jahrhundertelang dafür gesorgt, dass sich Frauen um Haushalt und Kinder kümmern mussten. Zu den wenigen Freiheiten, die Frauen genießen konnten, zählte der Einkauf auf dem Markt. Die Shoppingtrips garantierten nicht nur autonome Entscheidungen, sondern auch Freizeit abseits der Familie und die Möglichkeit, soziale Kontakte zu pflegen. Da sind die meisten Frauen dann irgendwann auf den Geschmack gekommen.

Bei Ikea paart und potenziert sich nun die weibliche Leidenschaft fürs Shoppen mit der am Einrichten des gemeinsamen Heims. Auch daran, lieber männlicher Ikea-Kunde, sind du und deine Geschlechtsgenossen schuld. Es war der Mann, der mit Beginn der Industrialisierung immer häufiger aus dem Haus ging und Frau und Kinder zurückließ, um draußen in der Welt das gemeinsame Brot zu verdienen. Der Architekturhistoriker Georges Teyssot, den Peter Richter in seinem feinen Buch *Deutsches Haus. Eine Einrichtungsfibel* anführt, formuliert es so: »Das Haus wird durch die Austreibung des Hausherrn zur Domäne der Frau. Denn in dem Maße, wie die Frauen ins Haus und an den Herd verdammt werden, wächst dem Mann die Aufgabe zu, ganz allein den Rest der Familie zu ernähren und umgekehrt.« Er geht, sie dekoriert, so einfach lässt sich das zusammenfassen.

Seit Ikea mit der Erfindung des Wegwerfmöbels den Trend zu ständigem Ein- und Umrichten befeuert hat, erfolgt die permanente Umdekoration der eigenen Wohnung in immer kürzeren Abständen. Er streicht eine Wand, wenn die Farbe abblättert, und macht sich dann ein Bier auf. Sie streicht eine neue Farbe auf die Wand, wenn sie sich und ihr Leben mal wieder verändern will, und greift dann zu einem der über sechzig Wohn- und Gartenmagazine, die sich auf dem deutschen Zeitschriftenmarkt drängeln. Darin wird stündlich eine neue Trendfarbe ausgerufen, traumhafte Winterbettwäsche angepriesen, Landhausstil von Begriffen wie New Yorker Neoromantik abgelöst, die Sehnsucht nach der perfekten Wohnküche geschürt und eine Fotostrecke aus den Ferienhäusern Prominenter gezeigt, bei der man sich fragt, ob man auf diesen Möbeln auch sitzen oder nur Flecken machen kann. Sie kümmert sich um die Verhübschung der gemeinsamen Welt, die er durch Dekorationsignoranz wieder durcheinanderbringt – drei von vier Lesern der Hochglanzzeitschriften des Segments »Wohnen und Einrichten« sind Frauen.

Da aber japanische Designer-Storys in der *Elle Decoration* oder die durchgestylten Farbexzesse der Tricia-Guild-Bildbände ebenso viel mit der Lebenswirklichkeit zu tun haben wie das Sexleben männlicher Pornokonsumenten mit dem Inhalt der Schmuddelfilme, bleibt nur eins: Ikea. Gemeinsam. Mann. Frau. Kind. Am Samstag. Am besten und preiswertesten lässt sich dort die Verhübschung der gemeinsamen Welt in der Kleinkramabteilung betreiben. Die Frauen prüfen und kaufen, die Männer stehen und schauen. Wenigstens wissen sie, dass sie bei der Scheidung weder auf dem *Dito Mix*-Bestecksetzt noch auf den *Söta*-Glasdosen mit Deckel bestehen werden.

Elen Lewis reicht das noch nicht. Die britische Journalistin macht nicht vor der Heimwerkerehre halt. In ihrem Buch *Great Ikea! A Brand For All The People* führt sie die, dank Ikea, stolzen männlichen Heimwerker vom Werkzeugkasten weiter ins Bett, wo schon die Frau wartet. Bereit, den müden Helden in ihren Armen und ihrem Schoß zu empfangen. Ikea-Möbel aufzubauen, rühre ganz tief an die evolutionären Wurzeln des modernen Mannes, argumentiert die Redakteurin des Magazins *Brand Strategy*. Lewis ist damit etwas mehr auf Zeitgeistlinie als einige Kulturwissenschaftler, die argumentieren, dass der Mann beim Aufbau eines Ikea-Schranks in eine Art sozialistische Glückseligkeit gerate, weil er gerade die Entfremdung des Menschen vom Produkt seiner Arbeit überwunden habe. Das ist nicht nur albernes Geschwätz, es klingt auch sehr nach den Anfängen der schwedischen Möbelinvasion in Deutschland. Damals hatten es die jungen Leute noch leichter, galt doch schon der Erwerb von selbst zu errichtenden Kiefernholzmöbeln als rebellischer Akt und Ausdruck linker Gesinnung.

Heute fügen wir uns ins Klischee vom Hedonisten und lauschen Elen Lewis, die offensichtlich einmal zu oft *Warum Männer nicht zuhören und Frauen nicht einparken können* gelesen hat. Der Mann, meint sie, demonstriere Frau und Kindern, dass er zum Versorger tauge, indem er einen *Ramvik*-Sofatisch mit Platte aus gehärtetem Glas korrekt montiert. Dieser Akt rühre an die gleichen Instinkte, die den Mann vor Urzeiten zu einem erfolgreichen Jäger gemacht hätten. Durch sein phantastisches Werk könne er sich in einer egalisierten Welt endlich über die Doktrin der Gleichheit erheben: Er hat sich das Möbel untertan gemacht.

Das ist rührend, klingt aber tatsächlich so, als wäre es nicht sonderlich schwer, einen Evolutionspsychologen zu finden, der dieser kruden Theorie in seinem *billy*verstellten Universitätsstübchen Beifall zollt. Hoffen wir, dass diese Männer das *Malm*-Bettgestell auch fest genug verschraubt haben, bevor sie sich mal so ganz säbelzahntigermäßig ihrer Männlichkeit vergewissern. Bisher galt Ikea mehr als Scheidungsgrund denn als Sex-Trainingscamp, obwohl den Schweden in Deutschland ein ausschweifendes Sexualleben nachgesagt wird. Elen Lewis ist das egal, sie bleibt dabei: Ikea ist nur deshalb so erfolgreich, weil es die Menschen zwingt, Möbel aufzubauen, was wiederum einer harmonischen Ehe samt großartigem Sex förderlich sei.

Zu Ikea-Möbeln gibt es eine Anleitung, zur Ehe nicht – mit diesem gehässigen Spruch kommentierten Magazine das Scheitern der Ehe der gefallenen Popprinzessin Britney Spears mit Kevin Federline. Aber letztendlich trifft dieser Satz den Kern einer guten Ehe nicht. Wenn wir ganz bei Elen Lewis und ihren sexuell erfüllten Heimwerkern bleiben, hat Kevin Federline sich einfach zu wenig mit den Aufbauanleitungen von Ikea-Möbeln auseinandergesetzt, deren Umsetzung ihn zu einem glücklichen Heimwerker und begehrenswerten Ehemann von Frau Spears gemacht hätten. So gesehen sind Aufbauanleitungen eigentlich getarnte Eheanleitungen.

Das haben die Schweden einmal wieder vor dem Rest der Welt erkannt und den Junggesellenabschied tatsächlich zu einer Gesellenprüfung beziehungsweise zu einem Ehetauglichkeitstest gemacht. Die Abende, an denen es die jungen Männer noch einmal krachen lassen, bevor sie in die Ehe gehen, beginnen in Schweden nicht anders als in vielen anderen westlichen Ländern. Die Männer konsumieren Alkohol in Mengen, deren gesundheitliche Auswirkungen heutzutage regelmäßig im Bundestag debattiert werden, wenn Flatrate-Partys oder Alkopops verboten werden sollen. Der Alkoholkonsum wird durch allerlei peinliche Spielchen begleitet, bei denen es ausschließlich darum geht, den künftigen Bräutigam bloßzustellen und zu blamieren. Der Höhepunkt vieler schwedischer Junggesellenabschiede findet am Ende des Abends statt. Der Mann im Mittelpunkt ist zu diesem Zeitpunkt bereits alkoholisiert wie eine Schiffsladung brandschatzender Wikinger. Nun drücken ihm seine Freunde einen Inbusschlüssel in die Hand und verlangen das Unmögliche von ihm: Volltrunken muss er ein Ikea-Möbelstück aufbauen, während ihn seine Freunde mit Spott und Hohn übergießen.

Wer diese Situation zu einem erfolgreichen Ende bringt, und die Einzelteile zu einem erkennbaren Möbelstück zusammenfügt, der ist reif für die Ehe. Derjenige hat bewiesen, dass er auch im Hormonrausch in der Lage sein wird, unter widrigsten Bedingungen Einzelteile zusammenzufügen, die nur scheinbar zusammenpassen oder nur auf rätselhafte Weise ein Ganzes ergeben – das Rüstzeug, um eine feste Partnerschaft zu führen. Wahrscheinlich waren es Männer dieser unglaublichen nervlichen Konstitution, die Elen Lewis zu ihrer These verleitet haben, dass der erfolgreiche Aufbau eines Ikea-Möbels das Sexleben verbessert.

Ich hoffe, mein Bekannter Rainer hat noch nichts von der Journalistin und ihrer verwegenen Theorie gehört. Es könnte ihn empfindlich treffen. Er hatte nämlich bei einem Bekannten die Standlampe *Knappa/Tulpan* gesehen und sich von ihren äußerlichen Qualitäten überzeugen lassen. Die Lampe ist an sich schlicht: ein Metallständer, ein Metallfuß, damit das Ding nicht umfällt, und ein Lampenschirm, der auf raffinierte Weise aus verschiedenen halbtransparenten weißen Plastikteilen zusammengesetzt ist. Ein bisschen sieht das aus wie eine weiße Blüte, aus der es leuchtet – angesichts des Namens sagen wir einfach mal: wie eine Tulpenblüte. Rainer fuhr zu Ikea und kehrte mit fast nichts als dem flachen *Knappa/Tulpan*-Paket nach Hause zurück. Rainer ist Mitte dreißig, arbeitet als Informatiker, oder wie man seit einigen Jahren sagen muss, er ist in der IT-Branche tätig. Er sollte also mit unübersichtlichen Bedienungsanleitungen vertraut sein.

Der technische Teil der Lampe – Stange, Fuß, Kabel und Glühbirne – war kein Problem. Am weißen Plastikpuzzle mit den Teilen für den Lampenschirm jedoch, der seiner Lampe das Prädikat »schwedisches Design« verpassen sollte, scheiterte Rainer. Er drehte und wendete die Anleitung, ohne recht weiterzukommen. Und weil er ein hartnäckiger Mensch ist, versuchte er stundenlang seinen künstlerisch wertvollen Lampenschirm aufzubauen. Ohne Erfolg. Schließlich rief er bei der Ikea-Hotline an, etwas kleinlaut. »Ich habe dort gefragt, ob sie einen Aufbauservice haben«, sagte Rainer. Die Antwort lautete »Ja«, aber weil er sich trotzdem noch nicht sicher war, dass ihm dort auch mit einem Stehlampenpuzzle geholfen werden würde, fragte er noch mehrmals nach. So lange, bis die genervte Frau am Servicetelefon keinen Zweifel mehr ließ.

An seinem nächsten freien Tag stieg Rainer wieder ins Auto, um später einen freien Platz auf dem riesigen Parkplatz vor dem blaugelben Möbelhaus zu suchen. Die weißen Bauteile hatte er nur mit großer Mühe wieder so in den Karton bekommen, dass sich dieser schließen ließ. »Das war so perfekt gepackt, dass es fast genauso schwer war, das da wieder reinzukriegen, wie die Lampe aufzubauen«, sagt Rainer. Der Mann beim Aufbauservice reagierte mit wenig Verständnis. »Wir bauen nur Möbel auf, keine Lampen.« Die Aussage blieb eindeutig, auch als Rainer mehrfach und immer verzweifelter darauf hinwies, dass er doch selbst genau die gleichen Bedenken gehabt hatte und deshalb an der Servicehotline wiederholt deutlich gemacht hatte, dass es eine Lampe sei, deren Aufbau ihm nicht gelingen wollte. Keine Chance. »Fragen Sie halt in der Lampenabteilung.«

Die Verkäuferin dort war freundlich. Sie verstand Rainers Verzweiflung. »Ich habe die Lampe selber gekauft und es dann auch nicht geschafft, sie zusammenzubauen.« Aber ihrer Tochter sei es irgendwann gelungen, das Rätsel zu lösen, mit der könne er gerne telefonieren, auch wenn sich das Problem am Telefon sicher nur schwer vermitteln ließe. Rainer verzichtete auf das Angebot, vermutlich, weil er sich seiner urzeitlichen Instinkte und seiner traditionellen Rolle als Mann erinnerte (tief in ihm), fuhr zurück nach Hause und versuchte abermals, den Aufbau seiner schwedischen Lampe zu meistern. Erfolglos.

Die Lampe hat ihm dann eine Freundin innerhalb weniger Minuten zusammengebaut. »War ganz einfach«, hat sie gesagt. Ob das irgendwelche archaischen Instinkte in ihm geweckt hat, das wollte Rainer nicht sagen, er hat die Frage nicht verstanden. Zum Glück weiß er nichts von Frau Lewis.

Ikea als Phänomen

»Das ist, weil du verrückt bist!« –
Die Erfindung des Einrichtungswahns

Ikea hat das Wegwerfmöbelstück erfunden. Schon die Preis- und Qualitätsgestaltung legt nahe, dass der Sekretär *Alve* oder der Schreibtisch *Matteus* nur eine begrenzte Zeit durchhalten werden. Beim zweiten Ab- und Aufbau franst mindestens ein Bohrloch in einer Pressspannplatte aus. Die Möbel werden so wacklig, dass sie nur noch für den Müll taugen. Ikea hat diesen Umstand nicht verschwiegen, sondern im Gegenteil zu einem Vorteil umgemünzt, indem es in der Werbung offen darauf hinweist.

Ein Spot, der 2002 in den USA lief und das Prinzip Ikea der vorangegangenen Jahrzehnte zusammenfasst, geht so: Eine junge Frau räumt ihre Wohnung auf und sortiert eine Schreibtischlampe mit rotem Lampenschirm aus. Zu getragener, trauriger Musik trägt sie die Lampe aus ihrer Wohnung und stellt sie zusammen mit einer schwarzen Mülltüte auf den Bürgersteig. Herbstlaub wirbelt auf, der Wind pfeift, die Frau, von der wir nun wissen, dass sie kaltherzig ist, eilt zurück in ihre Wohnung. Die Lampe mit dem roten Schirm zittert im eisigen Wind.

Es wird dunkel, Regen fällt. Es strömt auf die Lampe herab, neben die nun jemand eine Mülltonne gestellt hat. Die Kamera blickt von der Position der ausgemusterten Lampe hinauf ins Fenster zum Wohnzimmer der Frau, die dort Behaglichkeit im Schein einer neuen Ikea-Lampe genießt – es könnte sich um die Stand- und Leselampe *Basisk* handeln, das Modell *Duderö* ist es sicher nicht. Die Frau macht das Licht aus, und die alte Lampe mit dem roten Schirm bleibt ganz allein auf der Straße zurück. Da tritt ein Mann in grüner Regenjacke mit durchnässtem, wirrem Haar vor die Lampe und ins Blickfeld der Kamera. Auf Englisch mit schwerem schwedischem Akzent fragt er in anklagendem Ton: »Warum hast du Mitleid mit der Lampe? Das ist, weil du verrückt bist. Sie hat keine Gefühle, und die neue ist viel besser!«

Er geht und lässt uns mit der stummen Aufforderung zurück, häufiger die eigene Wohnung auszumisten, um, ja, um bei Ikea Nachschub zu holen. Das Zeug hat keine Gefühle. Zeige du deshalb auch keine Emotionen, wenn du dich trennst. Weg damit, genau wie die ausgemusterten H&M- und Zara-Klamotten, die vertrocknete Topfpflanze oder das verschimmelte Nudelpesto, dessen Existenz im hintersten Eck des Kühlschranks so lang ein gutgehütetes Geheimnis gewesen ist.

Anschließend sollten wir beherzigen, was ein deutschsprachiger Ikea-Werbespot uns mitteilte: »Eigentlich mag ich meine Wohnung«, sagt da eine junge Frau, deren Freund gerade mit dem Fahrrad durch das Wohnzimmer kurvt, »auch wenn sie vielleicht immer noch ein bisschen leer ist.« Also, nichts wie hin zum nächsten Ikea – einkaufen und schnell die Wohnung vollstopfen. Wenn dann kein Platz mehr ist, ohne Mitleid an die rote Lampe denken, alles wegschmeißen und Nachschub holen. Kaufen, einrichten, wegwerfen, neu kaufen – der schwedische Kreislauf. Dank Ikea hat Einrichtung seine Dauerhaftigkeit verloren, Möbel sind nur noch kurzfristige Lebensphasenbegleiter.

Wie sehr die Produkte von Ikea dazu geschaffen sind, wieder entsorgt zu werden, lässt sich am besten in dem Land beobachten, in dem Ikea rote Schreibtischlampen wegwerfen lässt: in den USA, und zwar in New York. Zur Columbia University gehört ein großer Wohnkomplex namens Columbia Housing. Dort werden viele internationale Studenten untergebracht, wie mein ehemaliger Kommilitone Andreas, der in New York ein zweites Studium abgeschlossen hat. Da Studenten aus dem Ausland meistens ohne eine komplette Wohnungseinrichtung anreisen, hilft das International Student Office der Columbia University, indem es Einkaufs-Trips zu Ikea organisiert. Dazu werden die öffentlichen und kostenlosen Ikea-Busse genutzt, die besonders großzügig mit Raum zur Verstauung flacher Kartons ausgestattet sind und die vier New Yorker Ikea-Märkte im Fünfzehn-Minuten-Takt ansteuern. Nach dem Besuch bei den Schweden steigen die Studenten aus aller Herren Länder dann am Broadway, Ecke 110. Straße aus, unter dem Arm den Beistelltisch *Lack* und natürlich das Bücherregal, ohne das ein Student nicht existieren kann – wir sprechen selbstverständlich von *Billy*.

Die meisten akademischen Gäste aus der Fremde bilden sich für zwei bis drei Jahre an der Columbia University fort. Ende Mai räumen sie ihre Zimmer im Wohnheim – alle auf einmal, und zwar bevor der nächste Jahrgang internationaler Studenten eintrifft. Die meisten verlassen nicht nur die New Yorker Uni, sondern gleich auch das Land und kehren in ihre Heimat zurück, in die sie ihre Einrichtung nicht mitnehmen wollen oder können. Tausende Menschen versuchen dann auf einmal, die gleichen Möbelstücke zu verkaufen, und scheitern notgedrungen am Überangebot an *Billy*, *Lack* und Co.

Sie behelfen sich, indem sie ihren Entrümpelungsbedarf zur karitativ motivierten Aktion umdefinieren. Sie stellen alle Möbel auf die Gehwege zwischen den Häusern mit den Studentenunterkünften, damit sie sich jemand mitnehmen kann. Es kommen aber nicht genug Bedürftige, um all die *Billys* zu holen. Es sind zu viele, und die nächsten Gaststudenten lassen noch auf sich warten. Bis sie kommen, sind die Möbel längst durch Regen oder schwüle Hitze aufgeweicht. Die Studentenunterkünfte der Columbia University werden zum *Billy*-Friedhof. Die Gefährten auf Zeit verrotten auf der Straße. Während die Pressspanleichen zerfallen, fährt der kostenlose Ikea-Bus alle fünfzehn Minuten neue Möbel am Broadway Ecke 110. Straße vorbei. Auch sie werden wie die rote Lampe enden.

Und was machen die Gaststudenten, wenn sie wieder in ihren Heimatländern sind? Sie suchen sich einen Job und eine Wohnung, die sie erst einrichten und dann umdekorieren müssen. Das heißt, sie fahren zu Ikea und kaufen sich Variationen jener Möbel, die sie in New York auf die Straße gestellt haben. Sie haben gelernt, dass sie sich schnell wieder trennen können – gezwungen oder freiwillig.

Noch vor wenigen Jahrzehnten war die Einrichtung einer Wohnung eine Lebensaufgabe. Um Möbel zu kaufen, mussten Kredite aufgenommen und schmerzhaft hohe Raten abbezahlt werden. Hungrige Mäuler gab es auch zu stopfen – das Ganze war eine kostspielige, aber auch einmalige Angelegenheit, die kurzzeitig weh tat, aber dann auch schnell wieder vorbei war. Selbst wenn der Nachwuchs jahrelang Tisch und Stühle einsaute, die Sachen hielten und wurden noch an die nächste Generation weitergereicht.

Heute gibt es solche Einrichtungsgegenstände nur noch für die Menschen, die viel Geld haben und alles »bewusst erleben« möchten. Die kaufen dann Designerware und freuen sich, dass der Barcelona Chair, den Mies van der Rohe 1929 entworfen hat, im Internet-Shop nur 699 statt 999 Euro kostet. Der Stuhl sieht dann aus wie die meisten Einrichtungsgegenstände, die das Prädikat »Design« tragen: nackt, streng und unbequem. Was genau man mit den Designerstücken machen soll – darauf sitzen? schlafen? davon essen? nur anschauen? –, ist meist nicht klar. Nur weggeworfen werden sie nicht.

Oder diese Menschen gehen zu Manufactum und kaufen sich für einen ebenfalls etwa dreistelligen Eurobetrag einen Spaten, der aus dieser kleinen, ursprünglichen Spenglerei oder Schmiedewerkstatt im Thüringer Wald stammt, wo ein Meister wirkt und werkt, der als Letzter seiner Zunft in Deutschland zu gelten hat. Das ist Einzigartigkeit aus dem Katalog einer großen Kette. Der Spaten steht dann im Keller zusammen mit der original handgearbeiteten Wurzelbürste und der Petroleumlampe, die dieser eine kleine wunderbare norddeutsche Betrieb in Handarbeit herstellt, und wird, wenn überhaupt, nur betrachtet. Diese Stühle und Produkte sind exklusiv, nicht nützlich.

Wir anderen kaufen unsere Puderzuckerzerstäuber, Salatschleudern und Möbel bei Ikea. Das kostet wenig, und manche vermuten deshalb, dass es auch wenig aushält. Macht aber nichts, wir betrachten die Waren ohnehin nur als Aushilfsgegenstände mit befristetem Vertrag in unserer Wohnung, aus der wir sowieso bald ausziehen wollen und in deren Küche wir seit Jahren Sätze sagen wie: »Langsam kann ich mir gut vorstellen, aufs Land zu ziehen. So auf einen richtig schönen Bauernhof oder so was, wo man so sein eigenes Ding machen kann.« Wenn dann das *Billy*-Regal auseinanderfällt, dann hat es uns wenigstens eine Entscheidung abgenommen. Ikea ist das perfekte Möbelhaus für meine Generation, die provisorische Generation. Eine Kreatur, die das schwedische Möbelhaus mit seinen Wegwerfwaren erschaffen hat.

Die Bindung an die eigenen Möbel, und wenn wir Ikeaner nicht aufpassen auch die Bindung der Möbel selbst, löst sich rasch – spätestens beim zweiten Umzug: *Leksvik* und Co. wackeln noch die Treppen hinunter in den bereitstehenden Lieferwagen. Beim Transport in die neue Wohnung zieht sich eine feine Spur aus Sägespänen hinter dem Wagen her. Das Gebrösel ist durch das Treppenhaus in die neue Mietwohnung verfolgbar und endet an einem Haufen Holzplatten, neben dem meist ein verzweifeltes Häuflein Mensch kauert. Dem Besitzer des Möbels schwant bereits, dass das Pressspan-Konglomerat den Versuch, den Inbusschlüssel abermals zum Zwecke skandinavischer

Gemütlichkeit anzusetzen, nicht mehr überleben wird. Zum Glück liegt der Wertstoffhof auf der Route zum nächsten Ikea, und der Lieferwagen muss auch erst am nächsten Tag zurück zur Autovermietung. Nur deshalb sind wir in der Lage, die Produktvielfalt und die unendlichen Wahlmöglichkeiten dort zu ertragen: Nichts ist für immer.

Das wäre nicht weiter ärgerlich, wenn es nur darum ginge, eine gute alte Zeit zu beschwören, in der die Möbel noch standhaft waren. Es ist gut, dass Möbel heute nicht mehr das Jahresgehalt eines Kleinindustriellen kosten. Wer teure Möbel will, findet die auch heute noch, für alle anderen gibt es Ikea. Das Problem, mein Problem, ist vielmehr, dass die Auflösung der ehemals von der Eichenschrankwand erzwungenen Dauerhaftigkeit ständige Ikea-Besuche impliziert.

Von Beginn an betrieb Ikea die Flexibilisierung des Wohnens. In den siebziger Jahren war es für viele Kunden noch ein politisches Statement, dort einzukaufen. Zu den Schweden kamen die jungen Menschen, die nicht viel Geld hatten und die mit ihrem Einkauf ein Bekenntnis zu einem Lebensstil ablegten, der sich nicht an Konsum und Status orientierte. Allerdings muss man wohl relativieren, dass in den siebziger Jahren so ziemlich alles zu einem politischen Statement für oder gegen etwas erklärt wurde. Heute klingt das, zu Recht, absurd: Ein politisches Bekenntnis abzuliefern, indem wir zu Ikea fahren? Protest im Möbelhaus? In den siebziger Jahren muss das Leben noch verdammt einfach gewesen sein.

Ikea erkannte das richtig und legte sich mit der Expansion nach Deutschland ein jugendliches, freches Image zu.

In Schweden war das Unternehmen einfach eines, das billige Möbel produzierte und verkaufte. In Deutschland positionierte sich Ikea als Antithese zur Erwachsenengeneration, die es sich zwischen düsteren Schrankwänden aus Eichenholz dauerhaft bequem gemacht hatte. Dieser als reaktionär empfundenen Enge entfloh der deutsche Student der siebziger Jahre, indem er sein WG-Zimmer mit Möbeln von Ikea einrichtete. Im ersten deutschen Ikea-Katalog, der die Kunden noch siezte, klang das so: »Wenn Sie Nussbaum, Palisander und Teak lieben, werden Sie uns wahrscheinlich hassen. Wir haben mit der guten alten Nobeltradition gebrochen und uns dem Kiefernholz oder anders lackierten und gebeizten Holzsorten verschworen. Das wirkt dann zwar oft freundlicher und jünger, auf manche Leute aber machen Sie damit null Eindruck.«

Seit Ikea Möbel zu erschwinglichen Preisen verkauft, machen wohnende Menschen auf andere Weise Eindruck: durch ständige Veränderung. Das Wohnen ist dadurch zu einem selbsterhaltenden Problem geworden, das nie gelöst, sondern immer nur auf ein neues Niveau gehoben und unendlich verfeinert wird. Es wird nur schöner bei uns, aber nie schön. Wohnen kostet dank Ikea nicht mehr so viel Geld wie früher. Es ist erschwinglich geworden, wird dafür aber in einer anderen Währung bezahlt: Wohnen ist längst gleichbedeutend mit Einrichten, und das kostet Freizeit. Das Problem ist nicht, dass wir am Samstag zu Ikea fahren, das Problem ist, dass wir den Samstag darauf wieder hinfahren.

Der Kult um das ständige Umgruppieren der Möbel und Deko-Accessoires steigerte sich mit dem weltweiten Erfolg des Unternehmens Ikea. Je mehr Blaugelb, desto mehr Deko. Die neunziger Jahre riefen Schlagwortschöpfer aus den Sozialwissenschaften dann zur Epoche des »Cocooning« aus. Da wurde ein Bedürfnis zum behaglichen, häuslichen Einnisten beschworen, das doch in der Realität weniger mit faulen Videoabenden auf dem Sofa zu tun hatte als mehr mit dem stetig wachsenden Zwang zur Verfeinerung und Ausgestaltung des eigenen Nestes. Es ging nicht darum zu wohnen, sondern sich zu fragen, welcher Sofatisch und welche Lampe denn die eigene Persönlichkeit am besten widerspiegele.

Das sogenannte »Cocooning« steigerten die Trendforscher mit dem Hinweis auf das kollektive Trauma nach den Terroranschlägen vom 11. September 2001 zum »Homing«. Demnach wachse in den Menschen das Bedürfnis, in den eigenen vier Wänden ihre Sehnsucht nach Geborgenheit und alten Werten auszuleben. Die hässliche kalte Welt sollte ein freundlich vollgestopfter Raumteiler *Expedit* fernhalten. Man verbringe lieber Zeit zu Hause als mit Freunden in Kneipen, hieß es.

Wann sollen wir auch noch in Kneipen gehen? Wir brauchen die Zeit, um zu überlegen, was wir in Sachen Einrichtung alles falsch machen. Nur um dann zu Ikea zu fahren und weitere Fehler zu begehen. In Deutschland wird der Zwang zur Ummöblierung durch einen Umstand erhöht. Hier ist – im europäischen Vergleich – die Eigentumsrate besonders niedrig. Wer kein Haus besitzt, will, dass seine gemietete Immobilie die eigene Persönlichkeit nicht nur widerspiegelt, sondern ordentlich aufmotzt.

Und wenn wir uns doch in Kneipen treffen, dann unterhalten wir uns über Einrichtung. Eine liebe Bekannte hat eine Standardfrage entwickelt, die sie anderen Einrichtungsliebhabern gerne stellt, wenn über Dritte gesprochen wird: »Welcher Einrichtungstyp ist sie/er denn?« Wer keine Antwort auf diese Frage hat und selbst Klärungsbedarf verspürt, der kann im Internet tausendundeinen Einrichtungstypen-Test absolvieren – bei Wohnmagazinen, bei Möbelhändlern und natürlich auch hin und wieder bei Ikea, und zwar ganz altmodisch auf einem gedruckten Pseudo-Fragebogen (dazu nimmst du dir einen dieser putzigen Stummelbleistifte, lieber Ikea-Kunde).

Wer sich dann noch immer nicht sicher ist, was eigene Einrichtungspräferenzen angeht (Alles so lassen? Alle Wände neu streichen? Andere Regale?), der kann seit einigen Jahren zu jeglicher Tages- oder Nachtzeit den Fernseher anstellen. Egal ob öffentlich-rechtlicher oder privater Sender, irgendwo schüttelt immer ein selbsternannter Wohn- und Stilberater den Kopf, während er durch eine Wohnung schreitet, die es umzudekorieren gilt. Auf irgendeinem Sender bläst immer eine Decotainment-Brumme zum Einsatz in vier Wänden. In diesen Sendungen lässt sich im Zeitraffer beobachten, was der Wahn um die richtige Einrichtung auslöst: Die Wohnungen sehen zu Beginn der Folgen aus wie Orte, an denen jemand wohnt. Nach großem Streich-, Dekorier- und Heimwerk-Massaker sieht es dort aus, als hätte jemand eine Seite aus dem Ikea-Katalog kopiert.

Durchgestylter Einrichtungs-Individualismus, der im

Fernsehen in der ständig gleichen Sofa- und Farb-Soße endet, treibt die Menschen dazu an, zu präsentieren und zu vergleichen. Die eigene Wohnung ist zur öffentlichen Bühne geworden. Der kaum versteckte Sinn einer Essenseinladung besteht mittlerweile darin, die frisch umdekorierte Wohnung zu präsentieren und dabei darauf hinzuweisen, was auch mit Sachen von Ikea alles möglich sei und was in Zukunft noch alles an Einrichtungsarbeit ansteht. Soziale Distinktion findet heutzutage im privaten Raum statt.

Die Sendung *Das perfekte Dinner* auf dem Sender Vox kombiniert auf perfekte Weise die aktuellen Großthemen der Behaglichkeit: Kochen und Wohnen. Fünf Menschen wetteifern darin, wer wohl der beste Gastgeber und Koch eines Drei-Gänge-Menüs ist. Die Kandidaten laden sich fünf Tage in Folge gegenseitig ein, um miteinander zu essen, »ganz doll viel Spaß zu haben« und dann alleine vor der Kamera über die anderen Teilnehmer herzuziehen. Eben haben die Hobbyköche noch gemeckert, dass die Soße zum Carpaccio vom Elchshummertrüffelbarsch etwas banal geschmeckt habe. Und während dann der Gastgeber versucht, den Johann Lafer zu geben und die Hauptspeise in der Küche zu retten, streichen die Gäste durch seine Wohnung und lästern über die Lächerlichkeit der zusammengestückelten Wohnbiographie. Am Ende dürfen sie dann auch noch Punkte vergeben. Der ultimative Glücksmoment des kleinen Rachebürgers: Aus einer Position der Macht quasi offiziell mitzuteilen, dass das Essen langweilig geschmeckt habe, die Tischdekoration phantasielos gewesen sei und es an ein Wunder grenze, dass in so einer Einrichtung überhaupt jemand wohnen könne.

Die Sendung lässt sich ohne weiteres in den Alltag übertragen: Wer sich heute noch Gäste einlädt, der muss einen Hang zu öffentlich gelebtem Masochismus haben. Wohnungsführungen gehören zur festen Dramaturgie einer Einladung bei Freunden – selbst dann, wenn es sich um eine von zwei Menschen bewohnte Zweizimmerwohnung handelt. Die Freundin und ich drängen unsere Gäste auch gerne zu Wohnungsbegehungen. Die Gäste erfahren dabei im Wesentlichen, dass sie bei Leuten zu Gast sind, die sich nur schwer von Dingen trennen können und sich dringend eine größere Wohnung suchen sollten. Ich bin mir sicher, innerlich rümpft der ein oder andere die einrichtungssensible Nase.

Der Zwang zur permanenten Überarbeitung und Veredelung der Einrichtung birgt heute also ebenso viele Fallen wie Diskussionen über korrekte Menüfolgen oder die Geschmackserziehung bei Weinseminaren. Wer um jeden Preis alles richtig machen will, sitzt am Ende oft wie ein depressiver Elch zwischen seinen Regalen, die gerade unmissverständlich zu gelebter Banalität degradiert wurden. Nichts wird mittlerweile so genau inspiziert wie die Einrichtung anderer Häuser und Wohnungen. Der schärfste Blick ist dabei jener, der das Konglomerat des mühsam geordneten Wohndurcheinanders nach Spuren schwedischer Massenware abscannt. Der Satz, den wir alle fürchten, und den wir unweigerlich immer wieder hören, lautet: »Das kenn ich, das habe ich bei Ikea gesehen. Was für einen Namen hat das noch?«

Peter Richter bringt es in seinem Buch *Deutsches Haus* auf den Punkt: »Nirgendwo kann man sich schwerer blamieren als da, wo man sich eigentlich wie zu Hause und in

Sicherheit fühlen sollte; und nirgendwo wird genauer hingeschaut als da, wo es eigentlich niemanden etwas angeht.« Die öffentliche Inszenierung des Deutschen als Kulturmensch hat sich absurderweise ins Private zurückgezogen. Das Auto als Statussymbol ist ein Auslaufmodell. Abgelöst wird es von der Sofagarnitur zum Preis eines Porsche Cayenne.

Hysterie in aller Welt

Die *Frankfurter Allgemeine Sonntagszeitung* wunderte sich in einem Feuilletonbeitrag (Anlass war die Kölner Möbelmesse im Januar 2008), dass der Möbeldiscounter Ikea die Gegenwartskunst zu Antworten herausfordere »wie sonst nur weniges aus dem Alltag der sogenannten Endverbraucher«. Das ist der Ritterschlag. Wenn sich sogenannte Gegenwartskunst mit etwas beschäftigt, dann darf das als Beleg dafür gelten, dass der Gegenstand den Alltag jenseits der Kunst bis in die letzten Winkel durchdrungen hat. So stehen die Menschen wenigstens nicht mit einem Blick wie ein Holzbrett vor den Kunstwerken, die diese total ausgeflippten Künstlertypen geschaffen haben, sondern können einen anregenden und harmlosen Austausch über die letzten Ikea-Erfahrungen beginnen. Danke sehr, liebes Feuilleton.

Wie sehr Ikea bereits in die Pop- oder Alltagskultur eingedrungen ist, hätte den Feuilletons schon knapp zehn Jahre früher auffallen können. 1999 verfilmte David Fincher *Fight Club*. Ikea ist darin zur Chiffre der Spießigkeit geworden, zum Symbol des Rückzugs ins Private und der ausschließlich egozentrischen Möblierung des Selbst. Zu Beginn des Filmes lamentiert der Schauspieler Edward Norton: »Wie so viele andere, war ich zu einem Sklaven des Ikea-Nestbautriebes geworden.« Dann sitzt er auf der Toilette und blättert durch den Ikea-Katalog. »Früher haben wir Pornos durchgeblättert, jetzt waren es Wohndesignkataloge.« Ikea unterdrückt die Triebe, statt kalter Duschen und Ave-Maria.

Die Ikeanisierung Deutschlands und großer Teile Europas kann als abgeschlossen gelten. In den USA und anderen Ländern steht das Phänomen kurz vor der Vollendung. Der amerikanische Autor Eric T. Hansen, der seit den frühen Achtzigern in Deutschland lebt und beobachtet hat, wie Ikea die Privatsphäre deutscher Haushalte vereinheitlicht, bemerkt nun auch bei seinen amerikanischen Freunden bekannte Unterhaltungen rund um das schwedische Möbelhaus. Dabei greifen sie auf die gleichen Überlieferungen zurück wie die deutschen Ikea-Kunden: die Fabel von der fehlenden Schraube, die Omnipräsenz des Unternehmens und der ganze Rest. Ikea ist auch in Amerika zu einem sogenannten Corporate Icon geworden, zu einer Marke wie McDonald's, Nike oder Starbucks.

Ikea hat ein weltweites Bedürfnis geschaffen. Die Menschen lechzen danach, dass der gigantische Möbelhändler in ihrer Umgebung eine Filiale eröffnet. In Frankreich wurde sogar eine Bürgerbewegung gegründet, die den Konzern per Unterschriftenliste bewegen wollte, einen Markt in der Nähe zu eröffnen. Andere unglückliche Völker, deren Staaten bislang ganz auf die Präsenz eines Möbelmarktes in Blaugelb verzichten müssen, retten sich findig aus ihrer Einrichtungsmisere. In Kroatien transportieren zum Beispiel private Händler die Ware aus Österreich herbei. Die verhinderten Ikea-Kunden wählen ihre neuen stummen Mitbewohner aus dem Katalog oder direkt in der mit Ikea-Möbeln eingerichteten Wohnung des Händlers aus. Der professionelle Ikea-Dealer fährt dann mit den Sammelbestellungen zur nächsten Filiale, zum Beispiel nach Graz, und bringt den Menschen die Ware, nach der sie gieren.

Fans der Möbelbausätze, die mehr Eigeninitiative zeigen, tauschen sich in kroatischen Internetforen aus, ob es denn günstiger sei, mit dem Auto nach Graz in Österreich oder zum Beispiel mit der Fähre von Split zu Ikea ins italienische Ancona zu fahren (vier Stunden Schiffspassage – einfache Fahrt), und geben Tipps, wie mit Zoll und ausländischer Mehrwertsteuer zu verfahren sei.

Als Ikea im Jahr 2005 im schottischen Glasgow eine Filiale eröffnete, setzte sich halb Nordirland in Bewegung, um dort einzukaufen. Die Fähren, mit denen die nordirische Hauptstadt Belfast und Glasgow verbunden sind, waren täglich mit Hunderten Ikea-Fans beladen. Eine Sprecherin der Reederei sagte der Tageszeitung *The Scotsman*, dass an einem durchschnittlichen Samstag mindestens zwölf vollbesetzte Reisebusse und etwa sechshundert Menschen mit den Fähren zu Ikea nach Glasgow reisen. Wenn man die vielen Autos und gemieteten Lieferwagen dazuzähle, summiere sich das Heer der Ikea-Fans, das zum Einkaufen die Irische See überwindet, auf etwa tausend pro Tag. Die offizielle schottische Tourismusbehörde *VisitScotland* jubelte und äußerte zugleich eine schmerzhaft realistische Einschätzung der Lage: Das neue Ikea habe sich zu Glasgows wichtigstem Touristenmagneten entwickelt – von Kultur, von Landschaft und anderen eigentlich touristischen Attraktionen war da keine Rede. Ähnlich ausgeprägt ist übrigens die Begeisterung für die Ikea-Filialen in Peking: Ein Besuch dieser Geschäfte gehört fest zum Programm einheimischer Touristen.

Für die möbelkaufenden Horden aus Nordirland verbreitete sich ein Spitzname, der auf die flachen Pakete anspielt, in denen die Ikea-Ware verpackt ist: »Flat Pack Flyers«. Die fliegenden Ikea-Fledderer kamen nicht aus purem Mangel an Einrichtungsgegenständen. Die Ausflüge zu Ikea nach Glasgow entsprachen vielmehr achtzehnstündigen Butterfahrten. In den Bussen herrschte ein erheblicher Frauenüberschuss, und diese Nordirinnen traten im Kollektiv den Beweis dafür an, dass nicht nur die Männer von der grünen Insel große Mengen Alkohol zu sich nehmen können.

Die Lage beruhigte sich wieder, als Belfast 2007 ein eigenes Ikea bekam. Der Konzern hat die Wanderbewegungen auf den Britischen Inseln damit verändert. Die Nordiren fahren jetzt nur noch nach Glasgow, wenn das Spiel Rangers gegen Celtic im Fußballstadion Anlass für konfessionell begründete Streitereien gibt. Stattdessen strömen nun Busse, Lieferwagen und Autos von Süden aus der Republik Irland nach Nordirland, damit auch endlich die irischen Brüder zwischen Cork, Galway und Tipperary auf dem Sofa *Ektorp* Platz nehmen können, um auf Tellern der Geschirrserie *365+* Selbstgebratenes aus der *Faktum*-Küche zu verzehren. Es wird nicht mehr lange dauern, bis Ikea die grenzüberschreitende Begeisterung der Iren nutzen wird, um auch diesem Volk die Wohnung komplett einzurichten.

Wenn die erste Filiale in der Republik Irland eröffnet, werden wir wohl Szenen wie jene in einem Vorort von Detroit beobachten. Da campierten begeisterte Ikea-Fans achtzehn Stunden lang vor dem Markt, um bei der Eröffnung der Filiale unter den ersten Besuchern zu sein und einen aussichtsreichen Startplatz im *Billy*-Regal-Aufbau-Wettbewerb zu ergattern. Solche Szenen kennen wir nur von männlichen Star-Wars- oder Star-Treck-Fans, die in putzigen Darth-Vader-, Luke-Skywalker- und Stormtrooper-Kostümen oder mit angeklebten Mr.-Spock-Ohren drei Tage vor der Premiere eines neuen Films ihrer quasi religiös verehrten Serien vor Kinos herumlungern. Anschließend stellen sie sich in die Schlange vor dem nächsten Apple Store, um als Erste unter den Augen einer hysterischen Öffentlichkeit ein iPhone oder eines der vielen anderen iProdukte zu ergattern.

Dort treffen sie auch auf ihre weiblichen Entsprechungen, die ihre Nächte statt an der Kinokasse vor den Stadthallen von Memmingen, Detmold oder Villingen-Schwenningen verbringen, um bei Tokio Hotel und vergleichbaren Idolen in der ersten Konzertreihe zu kreischen. Alle gemeinsam verehren sie *Billy*, das Regal, statt Bill Kaulitz, den Sänger von Tokio Hotel. Da ändern auch lockere oder fehlende Schrauben nichts: Der Ikea-Fan überträgt die Verehrung, die sonst für Sportler, Musiker oder Schauspieler empfunden wird, auf ein Unternehmen, eine Marke. Auf Ikea.

Im Internet organisieren sich zahllose Ikea-Fanclubs. Deren Lieblingsbeschäftigung ist es, Ikea-Kataloge zu lesen, gemeinsam durch Ikea-Märkte zu schlendern, als Gruppe Köttbullar in Ikea-Restaurants zu essen, sich die Wohnungen mit Ikea-Möbeln vollzustellen und sich auch ansonsten über Ikea auszutauschen. Das ist verdammt viel Ikea.

Es gibt keinen anderen Protagonisten der wirtschaftlichen Globalisierung, der eine derart ergebene und so gut organisierte Fangemeinde vorweisen kann. Lidl- oder Walmart-Fanclubs sind sehr viel rarer gesät als die des schwedischen Einrichtungshauses. Im Gegenteil, diese Handelsgiganten gelten als böse Fratzen des globalen Kapitalismus; als ausbeuterische Billigheimer, die ihre sensationell günstigen Preise angeblich nur anbieten können, weil sie die Produzenten der Waren und ihr Personal gleichermaßen mies behandeln. Bei Aldi und Co. kauft das schlechte Gewissen stets mit uns ein – nicht so bei Ikea. Da gehen wir wie selbstverständlich davon aus, dass es sich um ein kuschelig gutes Unternehmen handelt, das mit Menschen umgeht wie ein skandinavischer Wohlfahrtsstaat.

»Männer gehen zum Fußballplatz«, erklären die Mitglieder des Ikea-Fanclubs fk10, »die moderne Frau allerdings, fährt nach Ikea (…) Leider fehlen in vielen Städten noch Ikea-Einrichtungshäuser.« Auch hier drückt sich ein beinahe hysterisches Bedürfnis nach einem Ikea-Markt in unmittelbarer Nähe aus. Das Bedauern um fehlende Filialen gleicht dem Bedürfnis, die eigene Wohnung einzurichten: Wir holen uns das *Hedda-Ruta*-Bettwäscheset, damit wir es in den eigenen vier Wänden kuschelig haben, und erwarten von Ikea-Planern, dass sie unsere Umgebung mit großen Märkten möblieren. Wir wollen zu Hause ja auch nicht weit zum Kühlschrank gehen müssen.

Das Unternehmen wird nicht mehr als Möbelhändler wahrgenommen, es verkauft Lebensinhalte. Menschen tauschen sich etwa auf www.ikeafans.com über die Waren und Lebensentwürfe des schwedischen Unternehmens aus. Fünfzigtausend Online-Diskussionen laufen laut Auskunft der Betreiber auf der Internetplattform. Nicht alle Fans sind dabei so wahnsinnig wie jene, von der die Betreiberin der Fan-Website fk10, Hanne Krüger aus Wanne-Eickel, berichtet: »Es gibt aber auch Ikea-Anhänger, die sind extremer als ich: Einmal bekam ich eine Mail von einer Frau, die fand Köttbullar sei so lecker, davon müsste man sich ein Parfum machen.«

Diese Art der Verehrung dürfte einzigartig sein, auf ikea-fans.com geht es eher um die alltäglichen Bedürfnisse der *Billy*-Gemeinde. Eine Userin namens Karzme wünscht sich eine Ikea-Filiale in St. Louis. Denn obwohl sich die vierstündige Fahrt zur nächsten Filiale in Chicago jedes Mal lohne (»beautiful stores!!«), sei das doch ein erheblicher Aufwand. In den Bilderforen bieten die Fans Einblick in ihre Wohnungen. Im Mittelpunkt steht stets das Ikea-Möbel. Dabei liefern die Ikea-Jünger auch immer den Beweis, dass die Möbel zu Hause immer nur so aussehen, als wäre man bei Ikea einkaufen gewesen. Wie echte Möbel und Teile einer schlüssigen Einrichtung wirken die Stücke nur in den durchgestylten Ausstellungen der Ikea-Märkte. Die Möbel vertragen es nicht, aus ihrer natürlichen Umgebung gerissen zu werden. Den wirklichen Fans ist das egal, sie tragen die rosa Brille Verliebter. Fehler sehen sie erst, wenn die Beziehung bereits am Ende ist. Bis dahin wollen sie mehr.

Der Möbelmarkt als Befreier

In Ländern, in denen das Unternehmen seine erste Filiale eröffnet, tritt Ikea auf wie ein Befreier; wie ein Wohltäter, der den Menschen das Licht und die *Leksviks* bringt. Die Eröffnungen neuer Märkte werden als Schlachten der Massen inszeniert. Die Berichterstattung über diese Ereignisse tischt mächtige Superlative auf.

Am Eröffnungstag der ersten russischen Filiale in Chimki bei Moskau im März 2000 brach der Verkehr auf dem Autobahnring um Moskau zusammen, die Zufahrt zum internationalen Flughafen Scheremetjewo war für Stunden gesperrt. Dreiundvierzigtausend Menschen strömten in den Laden, um Möbel zu sehen und zu kaufen (und die kleinen Bleistifte, die Ikea zur Verfügung stellt, zu Abertausenden mit nach Hause zu nehmen. Die Mitarbeiter kamen gar nicht mehr hinterher, die Stifte nachzufüllen). Das war Weltrekord. So viele Menschen waren noch nie zur Eröffnung eines Ikea-Marktes gekommen.

Die Filiale am Moskauer Stadtrand liegt in der Nähe des Panzersperrendenkmals. Es markiert die Stelle, bis zu der die deutsche Wehrmacht im Winter 1941/42 bei der Schlacht um Moskau vorgedrungen war. Ingvar Kamprad und seine Armee der bescheidenen Enthusiasten sind einige hundert Meter weiter gekommen.

Übertroffen wurde die Besucherzahl dann vom Eröffnungstag der zweiten Filiale. Fünfundvierzigtausend möbelmäßig ausgehungerte Russen überrannten den Markt in Tjoplyj.

In Singapur, wo Ikea bereits 1978 eine Filiale eröffnet hat, drängeln sich die Kunden bis heute wie in jeder anderen Niederlassung des Konzerns. Der Unterscheid ist, dass vor dem Markt in dem asiatischen Stadtstaat eine Wartelinie aufgezeichnet ist. Dort stellen sich die Kunden geduldig an, um darauf zu warten, sich später als Sardine zwischen Möbeln und Menschen fühlen zu dürfen.

Die israelische Polizei versuchte Möbelfans bei der Eröffnung des Ikea-Marktes in der Nähe von Tel Aviv von einem Besuch abzuhalten: »Machen Sie Ihre Einkäufe zu einem späteren Zeitpunkt!«, hieß es im Verkehrsfunk, als vierzigtausend Menschen einen neuen Ableger der Ladenkette stürmten und den Straßenverkehr in der Stadt weitgehend zum Erliegen brachten.

Andernorts eskalierte die Situation mehrmals. So im Februar 2005, als Ikea in London einen Markt eröffnete. Vierzigtausend Kunden kämpften um die Sofas, es gab eine Massenschlägerei, zwanzig Menschen wurden verletzt. Die Geschäftsleitung musste den Laden nach einer halben Stunde wieder schließen. Im gleichen Jahr bot das Unternehmen bei einer mitternächtlichen Shopping-Aktion einige wenige Ledersofas zum (wortwörtlichen) Killer-Preis von nur 66 Euro an. Sechstausend Leute tauchten auf, Messer wurden gezückt, und die Aktion musste abgebrochen werden. Im September 2005 geriet die Eröffnung eines Ikea-Marktes in Saudi-Arabien außer Kontrolle. Die neue Filiale wurde binnen kürzester Zeit von Kunden gestürmt. In der Enge brach Panik aus, drei Personen starben.

Weltweit nehmen Menschen Schmerzen auf sich, um ihre Liebe zu einem Möbelhändler auszuleben. Nur selten gibt es Gegner beim Bau einer neuen Filiale. Die Bewohner von New Rochelle, USA, sind eine Ausnahme, eine Art gallisches Asterix-Dorf. Erfolgreich wehrten sie sich gegen den Bau eines neuen Ikea-Superstores, denn für sie war klar, der Wolf trägt heute Elchspelz. Der Kolumnist einer Lokalzeitung nannte den schwedischen Konzern gar »satanisches Symbol für die Zersiedlung ganzer Ortschaften, das auch noch ein Lächeln im Gesicht trägt«. Einen solchen Widerstand war der Einrichtungsriese vom ikealosen Menschen nicht gewohnt und nahm Abstand von dem Projekt.

Ikea und Deutschland – eine große Liebe

Die Ikea-Filiale in Hamburg war lange die umsatzstärkste der Welt. Der Verkehrsfunk meldet regelmäßig an Samstagen den Ikea-Stau an der Autobahnabfahrt Schnelsen-Nord. Trotzdem lassen sich Wochenende für Wochenende etwa dreißigtausend Hamburger nicht von einem Besuch bei ihrem schwedischen Möbelhändler abhalten. Das ist keine Überraschung. Wir sind alle Ikeaner – bis hin zu unseren Politikern. So wurde zum Beispiel über die Zukunft von Horst Köhler an einem Ikea-Tisch entschieden (der FDP-Vorsitzende Guido Westerwelle traf im März 2004 Angela Merkel und Edmund Stoiber in seiner privaten Wohnung, um über den künftigen Bundespräsidenten zu beraten). Gerhard Schröder soll während seiner Zeit als Bundeskanzler angeblich das ein oder andere Ikea-Schuhschränkchen zusammengebaut haben. Altkanzler Helmut Schmidt bewahrt seine Bücher selbstverständlich in *Billy*-Regalen auf, und wenn es ginge, würde er seine Zigaretten sicher in einem Ikea-Aschenbecher

(Kippan? Fluppä? Smökvik?) ausdrücken. Der CDU-Politiker Kurt Biedenkopf wiederum musste als sächsischer Ministerpräsident unter anderem deshalb zurücktreten, weil er und seine Frau Ingrid von Mitarbeitern in der Dresdner Ikea-Filiale Rabatt verlangten und offenbar auch bekamen – überwiegend für Weihnachtseinkäufe für einen karitativen Verein, wie ein Sprecher betonte. Damit dürfte die völlige Ikeanisierung der Bundesrepublik als abgeschlossen gelten.

Da Deutschland nun seit dreißig Jahren Standort von Ikea-Filialen und zugleich der wichtigste Markt des Unternehmens ist, heißt das: Ikea hat keinem anderen Land der Welt so kräftig und nachhaltig seinen Stempel aufgedrückt wie Deutschland. Einrichtungsmäßig sind wir seit einer Generation auf sogenanntes schwedisches Design konditioniert wie die Hunde vom alten Iwan Petrowitsch Pawlow: Ingvar Kamprad lässt mit dem Ikea-Katalog wedeln, und wir fahren reflexartig in einen seiner Märkte.

Warum spricht der schwedische Konzern, dessen Gründer in der Schweiz lebt, dessen Zentrale in Schweden liegt und dessen juristische Heimat ein seltsames Stiftungskonstrukt mit Ablegern in Belgien, Holland, Luxemburg und den niederländischen Antillen ist, die Deutschen besonders an?

Die teutonische Begeisterung für Möbel von Ikea fußt auf einer traditionellen Liebe zu Schweden. Dieses Land galt und gilt bei uns als eine Version des gelobten Landes. Aus der Perspektive südlich der Ostsee liegt in Skandinavien die heile Welt. Dort befinden sich die Schauplätze, an denen auch Generationen von Deutschen in Gedanken einen Teil ihrer Jugend verbracht haben: zusammen mit

Lisa, Lasse, Bosse, Britta, Inga, Ole und Kerstin. Auch die anderen Figuren der großen Astrid Lindgren, Michel aus Lönneberga, Pippi Langstrumpf, Karlsson vom Dach, die Brüder Löwenherz oder Kalle Blomquist, entfachen heute noch Begeisterung im ganzen Land für den Staat im Norden Europas.

Lindgren hatte ihren mit Abstand größten Erfolg in Deutschland. Hier wohnte und wohnt ihre treueste Leserschaft, hier erreichten ihre Bücher etwa ein Viertel ihrer Weltauflage. Zwischen Flensburg und Garmisch gibt es über zweihundert Schulen, die den Namen der schwedischen Autorin tragen. Sie hat in ihren Büchern die Sehnsucht der Deutschen nach einer heilen Kindheit, nach einer intakten Heimat in Worte gefasst und damit das positive Klischee eines bullerbühaften Utopia einer nie endenden Kindheit geschaffen. Das verbinden wir Deutschen mit Schweden.

Die Bücher Astrid Lindgrens haben Ingvar Kamprad und Ikea den Boden bereitet, weshalb das Möbelimperium sämtliche Schwedenklischees aufgreift, um damit seine Produkte und ein paar Astrid-Lindgren-Bücher – die stehen immer kurz vor dem Restaurant – zu verkaufen. Das fängt beim Blaugelb des Logos und der riesigen Ikea-Wellblechhütten an, geht mit den putzigen Namen der Möbel weiter und hört bei dem netten schwedischen Akzent der Sprecher der Werbespots (»Wohnst du noch, oder lebst du schon?«) noch längst nicht auf. Alles an diesem Konzern ist offensiv schwedisch – die Elch-Minisalamis und das Knäckebrot aus den Schwedenshops neben der Hotdog-Ausgabe, die Knut-Aktionen, um bei Ikea gekaufte Weihnachtsbäume loszuwerden, die Midsommar-Sonderangebote und und und.

Die Deutschen wiederum verteidigen ihre Liebe zu Schweden und zu Ikea. Positive Klischees werden besonders hartnäckig bewahrt, stellte auch Berthold Franke, Leiter des Goethe-Instituts in Stockholm fest, der in mehreren Essays unsere Hingabe an Schweden zu erklären suchte. Tausende Deutsche verbringen ihren Urlaub in Schweden damit, nach den Spuren der Kinderbuchidylle zu suchen – dabei helfen ihnen Bücher wie »Wo ist Bullerbü? Auf den Spuren von Astrid Lindgren durch Schweden«. Die Suche ist in der Regel bereits abgeschlossen, bevor der deutsche Schweden-Tourist das gelobte Land überhaupt erreicht hat: Für die Mehrheit ist der Staat im Norden so etwas wie ein Groß-Bullerbü, das nur zufällig auch noch Mitglied der EU ist.

Und wenn die Schweden gerade nicht in Astrid-Lindgren-Szenarien glückliche Momente verleben, dann – so imaginiert der sozialdemokratische Studienrat aus Deutschland – fahren die Schweden den ganzen Tag mit ihrem Volvo herum, zahlen solidarisch ihre Beiträge in einem perfekt organisierten Sozialstaat, essen Blaubeerkuchen, hören Musik von Abba, sind sehr gutaussehend und die Frauen fast alle blond. Letzteres meinen wir nicht zuletzt, seit in den siebziger Jahren Filme gedreht wurden, in denen Schwedinnen auf Almhütten einfielen und neben blond und nackt auch willig waren. Diese Filme wurden dann in den Frühzeiten des Privatfernsehens nahezu jede Nacht wiederholt und prägten das Schwedenbild der ersten pubertierenden Generation, die komplett von Ikea-Möbeln umgeben aufwuchs. Nur wenn das finnische Unternehmen Nokia in Bochum ein Werk schließt, um in Rumänien noch mehr Milliarden zu verdienen, wundern sich die Deutschen kurz, dass die Skandinavier vielleicht doch nicht alle so nett und sozial sind, wie sie immer denken. Zumindest einige Finnen nicht.

Die Verwunderung dauert nicht lang. All diese Klischees haben sich verdichtet zu einer Begeisterung der Deutschen für alles Skandinavische und das Schwedische im Besonderen. So sehr sogar, dass dies auch in Schweden bemerkt wurde: Als Berthold Franke die Liebe der Deutschen für alles Schwedische analysierte, gab er dem Aufsatz den Titel *Das Büllerbü-Syndrom*. Dieser Begriff fasst das Phänomen gut zusammen und hat es sogar bis in das Alltagsbewusstsein der eigentlichen Bewohner Bullerbüs geschafft: Der schwedische Sprachrat kürte ihn im März 2008 zum »Neuwort des Monats«.

In Deutschland hat sich eine hochspezialisierte Schweden-Industrie entwickelt: Tourismus, Literatur, Fernsehproduktionen, Möbel. Henning Mankell und andere schwedische Krimiautoren gelten in Deutschland als Vorbilder, deren Geschichten das Fernsehen in einer Kulisse aus rotgestrichenen Holzhäusern und Polizei-Volvos inszeniert. Dort, wo die Menschen als rein und unschuldig gelten, gruselt es sich bei Verbrechen besonders gut. Aber auch das Herz wird bedient: Inga Lindström schreibt Schnulzen fürs Massenpublikum, die ebenfalls in einem idyllischen Schweden aus heiler Welt und schönen Menschen spielen. Die Filme tragen Titel wie *Sehnsucht nach Marielund*, *Die Farm am Mälarsee*, *Wind über den Schären* oder *Der Zauber von Sandbergen* und sind skandinavisierte Schnulzen im Stile von Rosamund Pilcher, die sonntagabends im ZDF laufen. Es sind deutsche Produktionen, und Inga Lindström ist ein Pseudonym, denn die Autorin der schwedischen Kitsch-

Romanzen stammt aus Baden-Württemberg und heißt Christiane Sadlo. Vermutlich hat sie ihre Wohnung ganz in skandinavischem Design eingerichtet. Das Klischee vom idyllischen Schweden wird also von einer deutschen Zulieferindustrie gespeist.

Schweden steht auch für unberührte, für klare Natur. Und für das Klare und Reine hatten die Deutschen schon immer eine unheimliche Vorliebe. Auf diesem reichgedüngten Acker sähte dann 1974 Ingvar Kamprad seine Ikea-Samen aus. Er brachte den Deutschen das Schweden-Gefühl in Form von Möbeln aus dem Kiefernholz seiner Heimat und paarte das Ganze mit dem Hinweis auf skandinavisches Design – das zieht immer.

Das Laute, das Barocke, den Genuss suchen und finden die Deutschen bei ihrer anderen großen Liebe – Italien. In Schweden sehen sie dagegen die eigene Kindheit, ein Lindgren-Land, das die Unschuld besitzt, die Deutschland verloren hat, in dem auf kindliche Weise ein humaner und besserer Umgang zwischen den Menschen gepflegt wird, so wie einst bei den unschuldigen Kindern von Bullerbü. Der Ort, an dem die Deutschen dieses sozialromantische Utopia in ihren Alltag integrieren können, ist Ikea. Das unschuldige Möbelhaus, das wir mit positiven Klischees überhäufen und wo die Angestellten doch sicher alle glücklich sind, während sie an einem intakten Bild skandinavischer Behaglichkeit schrauben.

Die Bibel aus Schweden

Einmal um den Äquator

Siebzig Bücher, die in sechzig Sprachen übersetzt wurden; eine Gesamtauflage von hundertfünfundvierzig Millionen Büchern – man könnte meinen, die Werke Astrid Lindgrens seien die erfolgreichsten schwedischen Druckerzeugnisse seit der Erfindung des Papiers.

Das stimmt nicht. Der andere berühmte Smålander hat Astrid Lindgren selbst in diesem Bereich den Rang abgelaufen. Wie eine idealtypische heile Welt auszusehen hat, saugen wir zwar auf, während Michel aus Lönneberga versucht, seinen Kopf aus der Suppenschüssel zu befreien. Wie aber unsere eigene heile Welt im Wohn- und Schlafzimmer aussehen sollte und könnte, das schlagen wir nach im aktuellen Ikea-Katalog, dem gedruckten Bullerbü der Möbelwelt, der Bibel der Einrichtungswahnsinnigen. Für das Unternehmen ist es das wichtigste Werbe- und Marketingmittel. Die Geschichten rund um das Druckwerk strotzen vor Superlativen. Beispielsweise erscheint der Katalog in einer jährlichen weltweiten Auflage von etwa hundertsechzig Millionen Stück. Das reicht, um daraus eine Katalogkette im wörtlichen Sinne zu bauen, die einmal um den gesamten Äquator reicht, jubelte die PR-Abteilung der Schweden einmal. Der Smålander Kamprad haut in einem Jahr mehr Bücher – oder zumindest etwas Bücherartiges – auf den Markt als Astrid Lindgren während ihres gesamten Schaffens. Mehr Auflage als der Ikea-Katalog erreichen nur die Bibel und der allgegenwärtige Harry Potter. Es grenzt an ein Wunder, dass Ikea bei diesem Papierbedarf noch Holz übrig hat, um damit Möbel zu bauen. Allein die deutsche Ausgabe hatte 2006 eine Auflage von 32,5 Millionen Stück. Bei 82,25 Millionen Einwohnern kommt in Deutschland je ein Ikea-Katalog auf 2,5 Einwohner – es ist unmöglich, Kontakt zu vermeiden.

Die meisten Menschen wollen das auch gar nicht. Im Gegenteil: Bei uns im Haus klebte eine Weile an fast jedem zweiten Briefkasten ein kleiner Aufkleber, auf dem Sätze standen wie »Ich mag schwedische Kost«, »Schwedisches Design dringend erwartet«. »Post aus Schweden? Die ist für mich« oder »Sessel, Sofas und Tische kommen hier rein«. Darunter stand etwas kleiner gedruckt und zusammen mit einem Ikea-Logo: »Ja, ich will den Ikea-Katalog.« Ja, ich hatte ebenfalls zu wollen, denn wir hatten auch so einen Aufkleber an unserem Briefkasten. Die Freundin hatte den Sticker direkt neben den geklebt, mit dem wir mitteilen, dass wir auf gar keinen Fall mit Werbung oder Postwurfsendungen behelligt werden wollen.

Das Leben ist nicht logisch, genauso wenig wie eine Aufbauanleitung zu den Möbeln im dringend erwarteten schwedischen Warenwälzer. Irgendjemand hat unseren Ikea-Sticker vom Briefkasten abgepult. Ich kann mir das nur so erklären, dass in unserem Haus ein Ikea-Hasser wohnt. Sonst sind die Kataloge extrem beliebt bei den Nachbarn. Sie würden alles dafür geben, einen zu erwischen. In jedem Haus, das ich bisher bewohnt habe, waren die Kataloge sofort weg, wenn ich sie nicht frühmorgens aus dem Briefkasten gefischt hatte. Nur die Speisekarten der ganzen Asia-Pizza-China-Thai-Takeaways lagen immer im Überfluss unter den Briefkästen.

Hochzeitsreise nach Dänemark

Wie begehrt die Ikea-Kataloge sind, haben mir Katja und Christina bewiesen. Katja arbeitet als Grafikerin bei einem großen deutschen Zeitschriftenverlag. Ihre Freundin Christina ist auch ausgebildete Grafikerin. Lange Zeit waren beide beim gleichen Unternehmen angestellt, bis Christina in den Norden zog. Ihre Freundschaft blieb bestehen. Es war (natürlich nur unter anderem) der Ikea-Katalog, der die beiden jungen Frauen zusammenhielt.

Wenn Katja und Christina telefonieren, dann nimmt etwas von ihnen Besitz, das sie selbst als ihre Berufskrankheit bezeichnen. Katja blättert dann im Süden Deutschlands in ihrem Ikea-Katalog. Christina macht dasselbe, nur fast tausend Kilometer entfernt im Norden. Dann packt die beiden das Dekorations- und Einrichtungsfieber. »Optische Optimierung« nennen sie ihr Spiel, das ihre beiden Männer dann mit ihnen in die Realität umsetzen müssen, indem sie zu den jeweils nächsten Ikea-Märkten fahren, um dort die anvisierten Waren gemeinsam zu begutachten, zu kaufen und dann so aufzubauen und aufzustellen, dass auch ein geschultes Grafikerinnenauge damit zufrieden ist.

In dem Jahr, in dem Katja und Christina jeweils heirateten, beschlossen die befreundeten Paare, gemeinsam einige Zeit in Dänemark zu verbringen. Kurz bevor Katja, ihr Mann und ihre Tochter Madita im Norden angekommen waren, hatte der Postbote die neuen Ikea-Kataloge verteilt. In ihrer Heimatstadt im Süden waren sie noch nicht ausgeliefert worden. Ein Katalog für zwei optimierungsbegeisterte Grafikerinnen und zwei Wochen Dänemark war nicht genug. Und so ließen sich die beiden zu einer unmoralischen Handlung hinreißen. Sie stahlen einem Nachbarn von Christina den Katalog aus dem Briefkasten. Der Lockruf der blaugelben Verheißungen war zu mächtig, das Gewissen der beiden fortan belastet.

Vielleicht aber haben sie damit auch einem Menschen einen großen Gefallen getan? Wir wollen fest daran glauben. Und die echten Fans blättern die Kataloge sowieso schon online durch, wenn er in Österreich, den USA oder anderen Ländern mal ein bisschen früher erscheint als in Deutschland.

Wie Baumwollunterhosen

Der Ikea-Katalog ist das schwedische Wohn-Utopia. Die Möbel werden in kuscheligen Wohnarrangements präsentiert, und das so perfekt, dass selbst Rumpelkammer-Möblierungs-Vorschläge oder sogenannte Aufbewahrungslösungen für Keller oder Garagen im Katalog besser aussehen als mein Wohnzimmer. Für diesen Reiz sorgen

Fotografen und Dekorateure im größten Fotostudio Europas im schwedischen Älmhult. Ich habe schon Menschen kennengelernt, die jeden Produktnamen inklusive Preis auswendig kannten, deren Ikea-Katalog vor gelben Post-It-Zetteln strotzte und die ihn auf dem Nachtkästchen aufbewahrten. Ich war auch schon in Wohnungen zu Gast, in denen der Katalog auf dem Klo lag, und offensichtliche Gebrauchsspuren wiesen darauf hin, dass die knapp vierhundert Seiten dort auch intensiv studiert wurden. (Da wir gerade von Badezimmern sprechen: Auch dieser Raum gehört bei einfachen Leuten mittlerweile anständig eingerichtet. Deshalb bietet etwa der Kaffeeröster Tchibo inzwischen Designer-Badezimmermöbel von Terence Conran an. Der Brite gründete einst die Möbelhauskette Habitat, verkaufte sein Unternehmen aber 1992 – an Ingvar Kamprad.)

Der Ikea-Katalog nimmt uns die Angst. Je häufiger wir die Seiten voller aufwendig dekorierter und fotografierter Wohnbeispiele durchblättern, desto mehr gewöhnen wir uns an die Möbel mit ihren drolligen Namen. Wenn wir uns dann ins Möbelhaus wagen, haben wir nicht nur eine Vorauswahl getroffen, sondern wir haben schon das Gefühl, dass das umbaufähige Bett *Kura* von Seite 188, der Schreibtisch *Frederik* und dieser komische Ikea-*PS-Gull-holmen*-Schaukelstuhl aus Bananenstaudenfasern (»Abfall ist uns gar nicht Banane!«) schon längst zu uns gehören. Wie alte Freunde begrüßen wir die Möbel bei unserem Ausflug in die reale Ikea-Welt und nehmen sie in flachen Kartons verpackt mit in die Wohnung. Denn dort waren sie mit Ankunft des Ikea-Katalogs sowieso schon zu Hause – wir mussten sie nur noch abholen, wie einen Verwandten vom Bahnhof. Andere Möbel aus dem Katalog sind ohnehin wie alte Bekannte, weil wir sie schon einmal gekauft, aufgebaut und weggeschmissen oder bei mehreren Freunden gesehen haben.

Der Ikea-Katalog nimmt uns ernst, vor ihm sind wir alle gleich. Er verführt seine Fans zwar zum Träumen. Aber es handelt sich um Phantasien vom Erreichbaren. Es sind erfüllbare Wünsche, die von der Einrichtungsbibel geweckt werden. Die einzelnen Wohnbeispiele bleiben zwar in ihren perfekten Arrangements unerreichbar, aber die Möbel selbst sind schmerzhaft real – der Katalog gibt sich nicht mal Mühe, kleine Macken zu verbergen. Diese Möbel seien so real, so erschwinglich, so vernünftig wie Baumwollunterhosen, schrieb dazu das Magazin *stern*. Der Ikea-Katalog zeigt die Grundschemata jedes deutschen Standardwohnzimmers – eben der Baumwollunterhose in Wohnform.

Gleichzeitig reicht der Katalog weit aus deutschen Wohnzimmern heraus und zeigt den Grad der weltweiten Ikearisierung an. Diese lässt sich nicht nur an der schieren Menge ablesen, in der er ausgeliefert wird. Das Nachschlagewerk selbst ist vielmehr ein soziologisches Dokument. Auf vierhundert Seiten wird uns erklärt, wie wir sind. Und wenn wir diesem Bild noch nicht entsprechen, sagt er uns, wie wir sein sollten – weltweit. Die deutschen Feuilletons erheben den Katalog, der dort jedes Jahr, wenn die neue Ausgabe im September erscheint, besprochen wird, zum Nachschlagewerk gesellschaftlicher Realitäten. Der Katalog werde einst mehr Aufschluss über die Alltagskultur Deutschlands geben als andere Dokumente, schrieb einmal der *Tagesspiegel*.

1998 ermittelte jemand die Anzahl der blonden Schweden, die auf den Fotos zwischen den Möbeln beispielhaft wohnten. Daraus entspann sich eine Debatte, denn es waren offenbar eine ganze Menge, und das fanden viele Menschen, die keine blonde Schweden waren, nicht ganz in Ordnung und schon gar nicht politisch korrekt. Seither und analog zur Entwicklung des Unternehmens, wurden die Ikea-Models internationalisiert. Nun sitzen auch asiatische Kinder in Hängesesseln, decken dunkelhäutige Frauen den Esstisch *Bjursta*, und mutmaßliche Katalog-Schweden haben auch mal dunkle Haare. Der Ikea-Katalog verleiht der Globalisierung Gesichter und teilt uns gleich mit, dass trotz Multikulti weltweit alles gleich auszusehen hat. Nur die arabische Ausgabe muss ohne Menschen auskommen. Das könnte mit dem zu tun haben, was die *Süddeutsche Zeitung* 2003 beschrieb: Der aktuelle Ikea-Katalog werde offenbar nur mehr von sogenannten Patchworkfamilien bevölkert. Ein Familienbild, das kaum mit traditionellen, zumal arabischen Vorstellungen in Einklang zu bringen ist.

Betreibt Ikea, nachdem es für die Auflösung der Möbel gesorgt hat, nun auch die Auflösung der Institution Familie? Nein, das ist zu weit hergeholt. Nur wenn ich an Samstagen in überfüllten Ikea-Märkten beobachte, wie mehrköpfige Familien unweigerlich einer menschlichen Katastrophe entgegenshoppen, bin ich versucht, doch kurz an diesen Unsinn zu glauben. Sicher aber ist, dass der Ikea-Katalog uns und künftigen Generationen sämtliche Alltagsprobleme verschweigt, die einem das allgegenwärtige Möbelhaus bereiten kann.

Klippan liegt in Schweden,
Paris liegt an der Seine

Meine Erfahrung mit Wohngemeinschaften beziehungsweise mit Mitbewohnern liegt, bezogen auf die reine Anzahl, wohl im deutschen Durchschnitt. Ich habe mit Dirk und Astrid eine Drei-Zimmer-Altbauwohnung samt bröseligen Wänden geteilt, was eher nicht so gut geklappt hat. Eine weitere Altbauwohnung mit drei Zimmern und nicht ganz so bröseligen Wänden habe ich mit Stephan, Iris, Sabine und Michael geteilt. Das hat sehr viel besser geklappt. In Schottland habe ich mit dem Studenten Chris und dem Bahnhofsarbeiter Ian zusammengewohnt. Der Student hat seine Zeit vor dem Fernseher verbracht und sich immer gefreut, wenn er Gesellschaft hatte. Der Bahnhofsarbeiter hielt sich vorwiegend in Kneipen auf und machte sich nur bemerkbar, wenn er wegen der vielen Biere den Schlüssel nicht in das Schloss der Wohnungstür bekam. Allerdings machte sich Ian fast jeden Abend bemerkbar. Ian war das Schlüsselklappern. Tatsächlich gesehen habe ich ihn binnen eines Jahres etwa zwei- oder dreimal.

Hin und wieder war auch Mrs. Baxter da, unsere Vermieterin, die als Dozentin an einem sogenannten Beauty College in England arbeitete. Alle paar Wochen verbrachte sie einige Tage in ihrer Wohnung, deren übrige Zimmer sie an uns drei vermietet hatte. Mrs. Baxter hatte eine ausgeprägte Vorliebe für Zigaretten, Brandy und sehr süßen deutschen Weißwein. Liebfrauenmilch hieß das grässliche Getränk. Wenn sie da war, versuchte sie uns ständig zum Mittrinken zu überreden. Sie schlief jeden Abend vor dem Fernseher ein, den Kopf stets an die Wand gelehnt, damit ihre Beauty College Frisur nicht kaputtging.

Dirk, Astrid, Ian, Chris, Mrs. Baxter, Stephan, Iris, Sabine und Michael – ich habe überwiegend positive Erfahrungen mit meinen Mitbewohnern gemacht. Die besten jedoch mit einem Bekannten von *Johan*, *Jonas*, *Frederik*, *Hannes* oder *Gustav* – meinem Ikea-Schreibtisch, dessen Namen ich nicht mehr weiß. Dafür kann ich noch meine Mitbewohner *Ivar*, *Gorm*, *Hemnes* und die ganze übrige Ikea-Schar mit Namen ansprechen. Erzähle ich meinen wirklichen Bekannten von diesen stummen Mitbewohnern, wissen sie sofort, von wem ich berichte, und sprechen ihrerseits über *Markör*, *Snuttig*, *Filmrik* oder dem Bett namens *Ramberg* (mit Metallgestell).

Wie mir geht es Millionen anderer Ikea-Kunden: Wir betrachten die Produkte wegen ihrer drolligen Namen fast als Mitbewohner. Die *Poängs*, *Toftbos* und *Molgers* üben alleine ihrer Namen wegen Anziehungskraft auf uns aus. Es sind Namen, die verdecken, dass es sich um Möbel handelt. Wir kaufen *Benno*, das CD-Regal, weil wir den Namen mögen. Und sprechen wir von *Benno*, dann nicken die übrigen

Ikea-Jünger dieser Welt: Sie kennen und schätzen *Benno* ebenfalls. Die ganze Welt weiß, wer *Benno* und was seine Aufgabe ist.

Die Namen dieser Möbel dürfen als soziale Integrationsmaßnahme gelten, als sozialtherapeutisches Verfahren. *Benno*, *Gustav* und Co. bieten uns die Möglichkeit, die eigene Einsamkeit zu möblieren. Der österreichische Möbelhersteller und -händler Mömax hat die Personifizierung der Ikea-Möbel in einer Werbekampagne aufgenommen. In den Fernsehspots sind Frauen zu sehen, die sich ein Buch aus dem Regal nehmen, ein Glas Rotwein auf den Esstisch stellen oder es sich auf dem Sofa gemütlich machen wollen. Überall um sie herum stehen junge blonde Männer, die akkurate Scheitel, blaue Pullover und gelbe T-Shirts tragen. Als stumme Mitbewohner beobachten sie jeden Schritt der Frauen. Sie sitzen sogar im Kühlschrank oder hocken im Regal. In einem Spot warten die schwedischen Männer schon im Bett, in das sich ein Pärchen gerade zurückziehen will. »Schmeiß die Schweden raus«, lautet der eindeutige Slogan – doch dahinter steckt die Vermenschlichung, die wir mit Ikea-Produkten wie Billy und Co. betreiben. Wer sonst niemanden hat, der kann zumindest seine Möbel mit Vornamen ansprechen. Wirklich einsam ist nur derjenige, der bei Mömax und den anderen Produkte kauft, die auf so austauschbare Namen wie »Funktionssofa«, »Stapelwand« oder »Deko-Fell« hören.

Es war eine Schwäche, die diesen Vorteil ermöglichte – zumindest laut offizieller Verlautbarung des Firmengründers Ingvar Kamprad, der es wie kein Zweiter versteht, sich als sympathischer Underdog zu inszenieren. Der Legende nach konnte sich der von einer leichten Legasthenie geplagte Kamprad keine langen Seriennummern merken, mit denen die ersten Produkte seiner Firma bezeichnet waren. Deshalb half er sich, indem er den Möbeln Namen gab. So wurde *Rut* – ein Sessel ohne Lehne – der erste Mitbewohner der großen Ikea-Familie. Dazu gesellten sich *Max*, der Tisch, dem man erstmals die Beine abnahm, damit sie der Käufer wieder dranschrauben konnte, und *Tore*, der Schubladenschrank, der Ende der fünfziger Jahre der erste Bestseller im Sortiment wurde.

Ikea gibt sich alle Mühe, die Möbel zum Leben zu erwecken, und personalisiert seine Waren. Inhaber der Ikea-Family-Karte (die Freundin und ich) beglückte der Konzern jüngst mit einer CD, auf der sich Musik befand, die am besten mit dem Schlagwort unerhebliches Hintergrundgedudel zu beschreiben ist. Der Mann, der wohl auch der deutschen Ikea-Werbung seine Stimme leiht, spricht im Intro mit überdeutlichem schwedischem Akzent von Lieblingsplätzen und Nachmittagen im Lesesessel. Dann setzt musikalische Belanglosigkeit ein. Einzig amüsant waren die Titel der Stücke: *Jonas' Gedanken, Ivars Zauber, Toftbos Gelassenheit, Molgers Freiheit* oder *Bursjöns Traum*, um nur ein paar Beispiele zu nennen. Herrlich. Welche Gedanken sich der Schreibtisch *Jonas* macht, warum *Toftbo* (so heißen ein Badevorleger, ein Duschvorhang und ein Handtuch) so gelassen sind, welche Magie ein Regal namens *Ivar* und was *Bürsjön*, ein Hocker aus Polypropylen zu 9 Euro mit Aufbewahrungsmöglichkeit, so träumt, das verriet die Musik nicht. Auch welche Freiheit die Produktlinie *Molger* – unter anderem heißt so ein Klopapierhalter aus Holz – lebt, will ich erst gar nicht wissen.

Nicht alle Menschen freuen sich über die drolligen Namen des Ikea-Universums. Die stolzen Dänen nehmen die Namensgestaltung der Möbel zum Anlass, über einen »schwedischen Imperialismus« zu schimpfen. Wortführer der beleidigten Dänen waren die Wissenschaftler Klaus Kjöller vom Institut für nordische Philologie der Universität Kopenhagen und Tröls Mylenberg von der Süddänischen Universität. Die beiden Forscher hatten die Namen der Ikea-Produkte »genauer untersucht«, wie es in Presseberichten über das kritische Duo hieß. Dabei kamen sie zu dem Schluss, dass die hochwertigen Produkte die Namen schwedischer Orte tragen, die Namen dänischer Provenienz aber lediglich mindere Produkte bezeichneten – Fußabstreifer und Läufer etwa.

Helsingör heißt zum Beispiel ein mausgrauer Teppich, den Ikea zu 79 Euro verkauft und gleichzeitig beteuert, es handele sich um ein elfenbeinweißes Produkt. Helsingör ist auch der Name einer dänischen Stadt mit fünfunddreißigtausend Einwohnern auf der Insel Seeland. Vor Ikea war Helsingör als Schauplatz des Dramas *Hamlet* von William Shakespeare bekannt, nun eben als Bodenbelag.

Die Ortschaft Nästved erleidet das gleiche Schicksal wie Helsingör und bezeichnet ebenfalls einen Ikea-Teppich (blau, 16 Euro). *Nivä* haben die frechen Schweden eine Unterlegematte genannt, die Unebenheiten im Boden ausgleichen und geräuschisolierend wirken soll. Ein Fußabstreifer aus Kokosfaser (4 Euro) nennt sich *Sindal*, und zwar nach dem Vorbild einer dänischen Kleinstadt. *Bröndby*, *Köge* und andere dänische Ortschaften stehen ebenfalls Pate für Ikea-Produkte.

»Fußabstreifer, Läufer und billige Auslegeware sind drittklassig, wenn nicht siebentklassig bei einer Wohnungseinrichtung«, zitierte eine dänische Zeitung Klaus Kjöller. Man trample auf diese Weise auf der stolzen dänischen Nation herum. Dänemark werde durch die despektierliche Namensgebung der Möbelhändler aus dem größeren Nachbarland im übertragenen Sinne zum Fußabtreter der Schweden degradiert, giftete der Philologe und Patriot. Die Presse war begeistert, der Mann schien das tatsächlich ernst zu nehmen. Ikea-Pressechefin Charlotte Lindgren versuchte zu beschwichtigen und beteuerte, dass ihr Arbeitgeber im Gegenteil den Ruhm der dänischen Nation mehre, indem man über Produkte die Ortsnamen aus dem Nachbarland in der ganzen Welt bekannt mache. Zudem unterschätzten die Kritiker des Namenssystems die Bedeutung von Fußbodenbelägen und Fußabstreifern für die Einrichtung einer Wohnung.

Einige dänische Patrioten und Ikea-Spötter ließen sich von diesen Worten nicht besänftigen und planten Gegenmaßnahmen, um die Schweden ihrerseits zu demütigen. Ein Vorschlag sah vor, dass die dänische Carlsberg-Brauerei eines ihrer Leichtbiere nach einem schwedischen Ort benennen könnte. Das fade und alkoholarme Gebräu ist nämlich das einzige Bier, das in Schweden außerhalb der Öffnungszeiten der staatlichen Alkoholläden verkauft werden darf. Wer weiß, was sich die Dänen einfallen lassen, wenn sie vom Toilettensitz *Öresund* hören. Der trägt den Namen der Meerenge, die sich zwischen Schweden und Dänemark befindet.

Dänische Ortschaften spielen dennoch keine exklusive Rolle im Ikea-Universum. Über viertausend verschiedene

Produktnamen finden sich in den Katalogen. Alle Bezeichnungen müssen international anwendbar sein. Sie dürfen keine anstößige, unpassende oder sexuelle Bedeutung in irgendeiner der vielen Sprachen haben, in denen Ikea seine Waren verkauft. Außerdem müssen die Namensgeber darauf achten, dass die Bezeichnungen nicht mit irgendwo auf der Welt registrierten Firmen- oder Markennamen kollidieren. Deshalb bestehen die Namen grundsätzlich aus mindestens vier Buchstaben, das mindert die Wahrscheinlichkeit, etwas wie VW, MAN oder Eon zu erwischen. Die Namen dürfen gerne Äs und Ös enthalten, ebenso Buchstaben wie Å oder Ø. Das wirkt ganz arg skandinavisch, und alles, was ganz arg skandinavisch wirkt, kommt bei den Kunden des Möbelhauses ganz arg gut an.

Auch wenn das viele nicht glauben wollen, es gibt ein festes System, nach dem die Namen vergeben werden:

Badezimmerartikel	skandinavische Seen, Meeresbuchten und Flüsse
Beleuchtung	Begriffe aus der Musik, Chemie, Meteorologie, Maße, Gewichte, Jahreszeiten, Monate, Tage, Boote, Seemannsbegriffe
Betten, Kleiderschränke, Dielenmöbel	norwegische Ortsnamen
Bettwäsche, Decken, Kissen	Blumen, Pflanzen, Edelsteine

Esstische und Stühle	finnische Ortsnamen
Gardinenzubehör	mathematische und geometrische Begriffe
Gartenmöbel	Inseln
Kinderartikel	Adjektive, Säugetiere, Vögel
Küchen	grammatische Begriffe, gelegentlich auch andere Bezeichnungen
Küchenzubehör	Beeren, Fische, Fremdwörter, Früchte, Funktionsbezeichnungen, Gewürze, Kräuter, Pilze
Polstermöbel, Couchtische, Rattanmöbel, Bücherregale, Musikmöbel, Türknöpfe	Ortsnamen, männliche Vornamen
Schachteln, Bilder, Uhren, Rahmen, Wanddekorationen	umgangssprachliche Ausdrücke, Ortsnamen
Stoffe, Gardinen	Frauennamen
Stühle, Schreibtische	Männernamen
Teppiche	dänische Ortsnamen

Ein Wunder, dass sich außer den Dänen angesichts dieser
Liste nicht noch andere Gruppen (Frauen, Männer, Ort-

schaften oder andere Nationen) bei Ikea beschweren. Stellvertretend soll auf das Schicksal der kleinen Ortschaft Klippan aufmerksam gemacht werden. Die Gemeinde im Süden Schwedens liegt in der Provinz Skåne län, die früher Schonen hieß. (Übrigens gehörte Schonen bis zum siebzehnten Jahrhundert zu Dänemark – bis 1643 die Schweden ohne großes Vorgeplänkel einmarschierten und den Landstrich annektierten.) Klippan liegt etwa zwanzig Kilometer nordöstlich von Helsingborg. In der Nähe plätschert der Fluss Rönne å dahin. Gegründet wurde der Ort im sechzehnten Jahrhundert, weil dort eine Papiermühle an einer Stromschnelle an besagtem Fluss gebaut wurde. Das Dorf nannte sich lange Åby. Als der Ort dann eine Eisenbahnlinie samt Haltestelle bekam, wurde diese nach der Papierfabrik benannt, die ihrerseits den Namen der Stromschnelle trug: Klippans bruk.

Heute wohnen etwas über siebentausend Menschen in Klippan. Die Papierfabrik ging 2006 bankrott, nahm die Produktion im gleichen Jahr trotzdem wieder auf. Eine Weile gab es in Klippan eine Lederfabrik, eine Meierei und eine Ziegelei, die allerdings stillgelegt sind.

Das sind nur ein paar magere Fakten rund um Klippan, dessen Namen fast jeder schon gehört hat und das niemand kennt. *Klippan* heißt ein Sofa, das Ikea seit langen Jahren im Sortiment hat und das eines der zehn meistverkauften Ikea-Möbel aller Zeiten ist. Das Unternehmen hat den Namen der Gemeinde tatsächlich in die Welt hinausgetragen. Allerdings mit solcher Wucht, dass die kleine Ortschaft dabei untergegangen ist. Der Bürgermeister sollte allen *Klippan*-Besitzern als kleine Rache mitteilen, dass ihr Sofa nach einer Eisenbahnhaltestelle benannt ist, die den Namen einer Papierfabrik trägt, die nach dem Vor-bild einer Stromschnelle getauft wurde. Klingt doch ganz schön gemütlich.

Wie Ikea verführt

Nein, wir kaufen nichts

Unsere Küche ist zu voll. Das ist an sich der schlechteste Grund, um zu Ikea zu fahren. Die Freundin will es trotzdem. »Wir brauchen einen Hängeschrank«, sagt sie und ignoriert meinen Hinweis, dass an einem Donnerstagabend nicht nur wir auf die Idee kämen, bei Ikea einzukaufen. Zumal ja bis Ladenschluss nur wenig Zeit bliebe, um die entsprechenden Angebote im blaugelben Wohnwunderland zu sichten, und wir beim Kauf eines Hängeschranks nichts überstürzen sollten – ein halbherziger Abwehrversuch, denn dummerweise hatte sie recht.

Etwa fünf Quadratmeter Küchenwand sind noch frei, während unser bestehendes Mobiliar gerade noch Stellfläche für ein Paar asiatische Essstäbchen oder einen Salzstreuer für die salzarme Küche bietet. Irgendwo müssen wir unsere Kochutensilien verstauen, aber deshalb gleich zu Ikea fahren? Die Freundin schweigt und blickt provozierend auf einen großen Stapel Teller zwischen zu vielen Tassen und Olivenölflaschen. Ich gebe auf. »Aber wir schauen erst mal nur, welche Hängeschränke es gibt, und kaufen nicht sofort irgendwas«, sage ich. Kapitulation. Wir fahren zu Ikea, nur um uns umzusehen. Wir fahren zu Ikea, um nichts zu kaufen. Wir haben schon verloren.

Dabei halten wir uns tatsächlich daran und kaufen nichts. Das bedeutet, dass wir mit zwei Tüten Teelichtern, einer vergleichbaren Anzahl Teelichthalter *Glimma* (sechs Stück für 1,90 Euro), drei Packungen Papierservietten *Edera* in Gelbrot, der Klobürste *Viren*, sechs Sektgläsern namens *Svalka*, einer sensationell hässlichen Vase samt spiralförmiger Bambuspflanze im Kofferraum sowie zwei Hotdogs, zwölf Hackfleischbällchen und etwa drei Litern Cola im Magen die Heimreise antreten. Es ist so, wie mein Schulfreund Frederick immer sagt: »Bei Ikea nichts kaufen heißt Teelichter und Servietten kaufen.«

Es war also unvermeidbar? Ja, die Situation, in der wir uns bei dem Möbelhändler befanden, ließe sich als Befehlsnotstand charakterisieren. Wir hängen uns große gelbe Tüten über die Schultern, in die wir wie von fremden Mächten getrieben Dinge stopfen, die wir nicht besitzen wollen. An der Kasse tauschen wir die gelben Tüten gegen eine blaue Tasche ein und tragen darin einen Haufen Unsinn nach Hause.

Ikea verführt, das Unternehmen plant und organisiert seine Märkte so wie Stahl und Beton gewordene Drückerkolonnen, die uns an der Haustür so lange belabern, bis wir ihnen doch ein *TV-Spielfilm*-Abonnement abkaufen; bloß damit wir uns in dem Moment ärgern, in dem die Tür zufällt, und wir uns fragen, wie das jetzt passieren konnte. Der Unterschied ist nur, wir finden die Drückerkolonne Ikea vor allem irgendwie nett und so unaufdringlich. Die

Menschen kaufen und fühlen sich dabei, als hätten sie gerade den Nachmittag in einer spaßigen Jugendgruppe unter der Leitung von Astrid Lindgren auf Bullerbü verbracht: Lasse und Bosse necken Britta und Inga, wir kaufen derweil *Ingo* und *Henrik*, liebäugeln aber auch noch mit dem Erwerb von *Franklin* und *Ingolf*.

Die Geschichten ungeplanter Käufe bei Ikea klingen deshalb stets so, als habe sich der Erzähler ein bisschen lausbubenhaft in sein vorherbestimmtes Schicksal ergeben, als habe er seine religiöse Konsumpflicht erfüllt, um den Göttern von Saltkrokan zu gefallen. Gegenwehr ist nicht möglich. Wer stattdessen nur das erwirbt, was er sich schon zu Hause im Katalog ausgesucht hat, oder gar das Unvorstellbare schafft und gar nichts kauft – gar nichts, überhaupt gar nichts! –, der brüstet sich in aller Regel mit dieser übermenschlichen Leistung. Er triumphiert, als habe er eben einen Marathon durchs Schweizer Hochgebirge durchgestanden, den Ärmelkanal durchschwommen oder sich in einer indischen Felsengrotte monatelang in Askese und schmerzhafter Seelenreinigung geübt.

Die Masse der Käufer aber zelebriert ihren Mangel an Standhaftigkeit vor den Waren des Ingvar Kamprad und genießt ihre Verfehlungen als unausweichliche kleine Sünde. Sie benehmen sich, als hätten sie eben eine Tafel Schokolade gegessen und suchten nun Verständnis für diese Schwäche bei einer guten Freundin. Immerhin sind die meisten unsinnigen Käufe bei Ikea so billig, dass es das Gewissen auf dem Weg zum Müllcontainer nur geringfügig und kurzfristig belastet. Und wer wegwirft, kann das in Zeiten, in denen Ratgeberautoren mit Büchern erfolgreich sind, durch die Menschen lernen sollen, ihren Ramsch wegzuwerfen, als Tugend, als Willenskraft und erfolgreichen Schritt zur weiteren Selbstoptimierung verkaufen.

Wem es dagegen gelingt, den Erwerb von Entrümpelungsratgebern zu vermeiden, indem er bei Ikea nicht einmal Teelichter und Servietten kauft, wirkt schon ziemlich unheimlich. Diese willensstarken Konsumasketen verdeutlichen einem das eigene Scheitern nur umso schmerzvoller. Dabei entstehen Gefühle, wie bei Unterhaltungen mit Menschen, die mit ihrer Willensstärke prahlen, das terroristische Dauergrinsen einer Fitness-Nervensäge wie Ulrich Strunz im Gesicht tragen oder sich Titel wie Lebens- oder Liebes-Coach geben, um einen dann ausgiebig über das selbstverständlich praktizierte Geheimnis einer gesunden Ernährung zu belehren. Ich möchte Unterhaltungen mit solchen Menschen ebenso vermeiden wie jene mit überzeugt standhaften Ikea-Verweigerern. Zum einen sind diese Typen meistens so langweilig wie die Dinge, die sie so offensiv anpreisen, zum anderen brauche ich wirklich keine asketischen Siegertypen, um meine eigenen Unzulänglichkeiten zu überhöhen. Da ist es wesentlich besser, nach einer schönen wissenschaftlich fundierten Ausrede zu suchen, warum es bei Ikea immer wieder so läuft, wie es läuft.

Das Labyrinth

Wer also betrübt wie ein rückfälliger Ex-Raucher zu Hause vor einem Berg *Glimma*, *Edera* und *Svalka* steht, der möge sich an die höheren Mächte des Ikea-Universums erinnern, die in den Verkaufsräumen Besitz über seinen Willen erlangt hatten. Das Wissen um diese Mächte verdanken wir unter anderem Menschen wie Wim Neitzert. Der ehemalige Bereichsleiter von Ikea in Süddeutschland verriet einmal dem Magazin der *Süddeutschen Zeitung*: »Bei Ikea bleibt nichts dem Zufall überlassen. Der gesamte Markt und alle Produkte sind systematisch aufgebaut.« Das klingt harmlos. Richtiger muss es heißen: Der gesamte Markt ist ein magisches Labyrinth, aus dem niemand entrinnen kann, ohne seine Geldbörse zu leeren und sein Automobil mit Waren zu befüllen, die in flache Kartons verpackt sind.

Wer Kunden in ein Labyrinth lockt, sollte alles tun, um ihnen das Gefühl zu nehmen, dass sie nicht mehr hinausfinden werden. Die Menschen müssen sich wohl fühlen, wenn sie die Höhle des Kamprad betreten. Bei dem Ikea-Markt, den ich in meiner Möbelhaus-Karriere mit Abstand am häufigsten besucht habe, riecht es im Eingangsbereich immer ganz wunderbar nach frischgesägtem Holz. Dass dieser angenehme Empfang seinen Ursprung bestenfalls in viel Pressholz und schlimmstenfalls in viel Pressholz mit viel Formaldehyd hat, das kommt bei mir gar nicht mehr an. Mich haben schon die riesigen Werbetafeln in innere Euphorie versetzt, die über dem Eingang hängen und über den ganzen Parkplatz zu sehen sind: Lachsschnitte mit Salzkartöffelchen, Elchgulasch mit Rösti, lecker Blaubeerkuchen, alles zu Spottpreisen und für Ikea-Familiy-Mitglieder noch viel billiger. Wer denkt angesichts dieser günstigen Gerichte und der schön garnierten Fotos noch an Labyrinth und Produkte der chemischen Industrie, die sonst Bestandteil hysterischer Gesundheitswarnungen in *Öko-Test* sind?

Ich nicht. In mir steigen Bilderbuchszenen intakter skandinavischer Waldlandschaften auf, wenn ich im Eingangsbereich einatme. Seit kurzem mischt sich dort auch der Geruch von Kaffee in die Fichtenwaldillusion. Das Möbelhaus hat eine Kaffeebar im Starbucks-Stil eingerichtet und verkauft dort Coffee-to-Go zu Ikea-Preisen (und ohne das ganze alberne »ein Grande Triple Cappo Caramel Decaf to Go, mein Name ist…« Gesums, das uns diese großen Kaffeeketten aufzwingen).

Laut Lehrbuch für den Supermarkteinrichter ist der Eingangsbereich eines Ladens der Ort, an dem den Kunden zuallererst die Angst genommen werden muss. Alles Mögliche sollte unternommen werden, damit sich die Menschen schnell an die neue Umgebung gewöhnen und sich aller Shopping-Hemmnisse entledigen. Kinder zum Beispiel, die können Kunden bei Ikea gleich im Eingangsbereich im Småland abgeben – die Schweden sind ja eh so kinderfreundlich, wie wir alle dank Astrid Lindgren wissen, die werden sich schon gut um Leon, Jennifer, Maximilian-Leopold und Sophie-Marie kümmern. Dann holen sie sich einen Coffee-to-Go und stellen sich mit Pappbecher samt Schnabeltassen-Plastikdeckel auf die Rolltreppe, die ins obere Stockwerk führt. Am Ende der Treppe können Frauen ihre männliche Begleitung, sofern diese eine konsumkritische Verweigerungshaltung kultiviert, gleich links in Richtung Restaurant abschieben. Die Kerle stören ja auch nur beim Einkaufen und nehmen die Chance zur Flucht dankbar wahr.

Gleich zu Beginn der Möbelausstellung steht am Ende der Rolltreppe in der Regel eine große Palette Schnäppchen. Im Zweifelsfall Teelichter und die Teelichthalter *Hej* (zahle zwei und nimm vier für einen Euro). Davor bildet sich dann das erste Rudel aus Menschen, ausgestattet mit gelben Taschen, die dort ebenfalls in Gittercontainern bereitliegen. Wahrscheinlich haben alle diese Menschen Angst, dass es später keine Teelichthalter mehr geben wird und sie den ganzen Weg zur ersten Palette wieder zurücklaufen müssen.

Im oberen Stockwerk beginnt nicht nur der vorgeschriebene Kreuzweg durch jeden Ikea-Markt auf diesem Planeten. Dort oben hat auch der Aufbau fast jedes modernen Möbelmarktes seinen Ursprung. Dieses Prinzip hat Ikea maßgeblich gestaltet. In den oberen Stockwerken führen nett eingerichtete kleine Wohnwelten den Kunden vor, wie sie wohnen könnten und nach dem Willen des Unternehmens wohnen sollten. In den unteren Stockwerken liegt dann der Kleinkram und Schnickschnack aus. Dort greifen die Kunden zu, um ihr real-trostloses Möbeldurcheinander zu Hause wenigstens minimal an die durchgestylten Wohnvorbilder aus dem oberen Stockwerk anzupassen.

Bei Ikea wird der Kunde im Zickzack an all diesen Wohnschablonen vorbeigeschleust – es gibt kein Entrinnen. Pfeile auf dem Rundgang durch die Möbelausstellung leiten den Strom. Sich gegen die Hauptrichtung stromaufwärts zu kämpfen, ist nahezu unmöglich. Abkürzungen gibt es fast keine, ob wir wollen oder nicht, uns bleibt nur der vorbestimmte Weg durch die Möbelausstellung. Das ist ärgerlich, aber mehr Kundenfreundlichkeit bedeutet eben nicht immer mehr Umsatz. Im Gegenteil, die starke Hand des Möbelhauses führt uns dorthin, wo wir uns praktisch nur mehr freikaufen können.

Ikea hat damit jenes Prinzip zur Perfektion geführt, das

Edward Brand Händlern schon 1963 in seinem einflussreichen Werk *Modern Supermarket Operation* empfahl, nämlich die Wege des Kunden zu verlängern. Brand legte nahe, dass es umsatzfördernd sei, in einem Supermarkt das Fleisch im hintersten Winkel anzubieten, um die Kunden durch den ganzen Laden an anderen Waren vorbeizuzwingen. Als weitere Möglichkeit der subtilen Kaufnötigung empfahl er, durchgehende Regale so aufzustellen, dass keine Abkürzungen möglich sind.

Die Formel ist einfach. Wer erst einmal im Labyrinth ist, der darf nicht mehr hinaus, denn 70 Prozent aller Kaufentscheide fallen erst im Laden. Da die Umsätze im deutschen Einzelhandel schwinden, wird heute nichts unversucht gelassen, den Kunden zu Spontankäufen zu verführen. Für Ikea sind das längst keine Versuche mehr, sondern in die Tat umgesetzte Strategien, und im Gegensatz zum Einzelhandel steigen beim schwedischen Möbelhaus die Einnahmen seit Jahren zuverlässig.

In einem Ikea-Markt müssen wir deshalb ständig nach links oder rechts abbiegen, geradeaus lassen sie uns nie besonders lange gehen. Die Kunden laufen so immer wieder auf neue Waren und Angebote zu, die sonst vielleicht ihrer Aufmerksamkeit entgangen wären. Laut Daten des amerikanischen Shoppingforschers Herb Sorensen bekommt ein durchschnittlicher Kunde im Einzelhandel nur ein Viertel des Ladens zu Gesicht. Das darf bei Ikea nicht passieren, lautet das allererste Gebot des wissenschaftlich fundierten Shoppings doch: Je mehr Produkte ein Kunde sieht, desto mehr kauft er auch. Ikea lässt sich dazu keine Gelegenheit entgehen. So habe ich neulich auf dem dortigen Männerklo beim Händewaschen in den Spiegel *Kolja* geschaut. Dass er 10 Euro kostet, habe ich dabei auch gleich erfahren.

Der Kunde muss dazu gebracht werden, möglichst viele Waren wahrzunehmen, ohne dass er sich unter Druck gesetzt fühlt – Ikea macht das deshalb zur Not auch auf dem Klo. Mit einem Verkäufer, der sich auf einen stürzt und ungefragt versucht, einen zu einem stilbewussten Besitzer einer Eichenfurnier-Schrankwand zu erziehen, ist das nicht zu schaffen. Ikea verzichtet zu Recht auf eine solche Art Mitarbeiter. Das muss ich dem Möbelmarkt eindeutig zugutehalten. Die meisten Geschäfte, vor allem Bekleidungsläden, verlasse ich reflexartig in dem Moment, in dem mich eine überstylte Verkäuferin abermals mustert und wissen will, ob sie mir wirklich nicht helfen soll. Ikea hängt lieber an jedes Möbelstück einen großen und übersichtlichen Zettel, auf dem alles steht, was man einen Verkäufer fragen würde.

Damit auf diesem Zettel wirklich nichts fehlt, was den reibungslosen Kauf des Möbels im Wege stehen könnte, folgt das Führungspersonal in vielen Ikea-Filialen mehrmals im Jahr diskret dem Kundenstrom. Die schwedischen Spione beobachten dann, wie sich ihre Zielobjekte verhalten. Welche Waren nehmen sie immer noch nicht wahr? An welchen Ecken stockt der Kundenfluss? An welchen Knotenpunkten lassen sich den Kunden auch schwer verkäufliche Waren aufdrängen? Die Beobachtungsergebnisse werden genutzt, um die erzieherischen Eckpfeiler des Kreuzwegs durch den Möbelmarkt zu optimieren. Eine subtile Kaufempfehlung hier, eine leicht veränderte Warenpräsentation dort, ein anderer Weg um eine überquellende Palette vermeintlicher Schnäppchen herum, und wieder ist es für uns ein wenig schwerer geworden, zu widerstehen. Denn darauf reagieren wir alle zuverlässig. Waren, die auf Transportpaletten präsentiert werden, senden die Botschaft »billig, billig« aus. Diese Verkündung erhören wir gerne. Wir kaufen jeden Mist, Hauptsache er ist billig oder noch besser »reduziert« und deshalb günstiger als noch vor ein paar Tagen.

Falls beim Kunden trotz der ausführlichen Preisschilder Fragen auftauchen, stehen Mitarbeiter in blaugelben Uniformen bereit. Sie werden aber leider in aller Regel schon von einer Menschentraube belagert. Denn die Beratungsstationen sind bei Ikea stets gut zu sehen, wie alles andere auch. Das Labyrinth ist übersichtlich: Immer lässt sich das gesamte Angebot einer Abteilung gut überblicken, der Abstand zwischen dem Gang und der nächsten Wand ist in der Regel nie größer als fünf Meter. Konsum- und Verhaltensforscher nennen eine solche Raumaufteilung »orientierungsfreundlich und übersichtsmaximal«. In dieser Umgebung werde der Kunde »kognitiv nicht überfordert«. Übersetzt bedeutet dies: Das Denken wird dem Kunden hier abgenommen. Er wird nicht überfordert und ist deshalb entspannter als bei der chaotisch aufgebauten Konkurrenz, deren Kunden sich regelmäßig auf dreitausend Quadratmetern Sofa-Durcheinander verirren, nur um dann plötzlich zwischen Messersets und Bademänteln zu stehen. Ikea hat dagegen erkannt: Je entspannter ein Kunde ist, desto mehr kauft er ein.

Ikea führt uns übrigens gegen den Uhrzeigersinn durch seine Möbelausstellung. Auch das ist kein Zufall, sondern Teil des großen schwedischen Erziehungsprojektes: Kunden bevorzugen es, gegen den Uhrzeigersinn durch einen

Laden-Parcourt zu gehen. Warum das so ist, das weiß noch niemand so recht, aber beflissen gute Eltern können ihre Erziehungsmethoden auch nicht jedes Mal wissenschaftlich fundiert erläutern. Sie wenden sie einfach an. Der bereits zitierte Shopping-Wissenschaftler Herb Sorensen hat auf jeden Fall ermittelt, dass Läden, die ihre Kunden gegen den Uhrzeigersinn durch die Warengänge führen, ihren Umsatz um 10 Prozent steigern. 10 Prozent mehr, das lässt sich Ingvar Kamprad (»Profit ist ein wunderbares Wort«) nicht zweimal sagen.

Die große Quengelzone

Die Möbelausstellung ist eine Hitliste der besten Ikea-Produkte. Die umsatzstärksten Warengruppen stehen zu Beginn des Rundgangs – Wohnen und Schlafen. Kurz vor dem Restaurant, am Ende des Rundgangs durch die Möbelausstellung, befindet sich die große Quengelzone. Plüschtiere, Spielzeug, Bücher von Astrid Lindgren und anderes, was die Kinder durchdrehen lässt. Da hilft dann nur noch »Komm, wir gehen ins Restaurant und du kriegst eine Cola«. Papa braucht nach dem Stress dann erst mal ein Bier. Klar, dass hier niemand mehr an Möbelkaufen denkt. Deshalb stehen die teuren Waren am Anfang der Möbelausstellung. Wer überlegt, 749 Euro für ein *Karlstad* Dreisitzersofa mit Récamiere zu bezahlen, braucht Ruhe. Ikea gibt den Kunden diese Ruhe: Zwischen sämtlichen Waren, deren Preis zumindest eine kurze Diskussion zwischen Ihr und Ihm erfordert, haben die listigen schwedischen Möbelhändler Spielstationen für Kinder aufgebaut. Mutti kann so entspannt überlegen, ob *Karlstad* dem Wohnzimmer nun farblich zur Ehre gereicht und wie sie ihrem Liebsten erklärt, dass Eins-a-Design auch bei Ikea etwas teurer ist. Papi verteidigt schon jetzt seine Heimwerkerehre durch laute Angabe der maximal möglichen Tiefe und Breite. Und alles in Ruhe, denn Jennifer und Kevin drehen an bunten Indianerrollen, bekleiden auf berührungssensiblen Bildschirmen Puppen, stimmen dabei Farben aufeinander ab, damit sie auch ein Gespür für Einrichtung und Stil entwickeln, und stören vor allem das sensible Gespräch ihrer Eltern nicht.

In der Markthalle im Erdgeschoss ist dann kein Platz für Spiele mehr nötig. Hier ist es absichtlich eng. In diesen Hallen des Überflusses dürfen wir auf keinen Fall besonders lang darüber nachdenken, ob wir jetzt vier oder acht Rotweingläser in den riesigen Einkaufswagen stellen. Wenn uns der unschlagbar günstige Preis nicht zugreifen lässt, dann drängen uns die anderen Kunden zum schnellen Kauf, indem sie uns ihre Einkaufswagen in den Rücken rammen. Lieber doch schnell das kreischend bunte Geschirrservice *Syntes Skiss* für zwölf Personen kaufen, als sich beim weiteren Grübeln noch mal anrempeln zu lassen oder den betäubenden Parfumdunst von dieser Frau mit der Standardnase aus der Bodenseeklinik oder einer anderen Schönheits-Angleichungsanstalt einzuatmen.

Dann gibt es bei Ikea schrecklich viele Waren, die sich so unendlich praktisch anhören – da stört Nachdenken nur: zum Beispiel beim Laptop-Halter *Bräda* für 14,90 Euro. Das ist eigentlich eine Art Deckel oder ovales Brett, an dessen Unterseite ein Kissen befestigt ist, um sich das Ding angenehm gepolstert auf die Knie zu legen. Und das ist noch nicht alles. In Sichtweite liegt *Lycklig*, die Tasche für Fernbedienungen. Sie lässt sich am Sofa befestigen und ist reduziert. 4,50 Euro statt 9,90 Euro.

Dass diese Lebenshilfen nicht praktisch, sondern vor allem ebenso unnütz sind wie batteriebetriebene Staubwedel oder Bauchmuskelapparaturen aus dem nächtlichen Privatfernsehen, das bemerken wir erst, nachdem wir das Zeug, vom Schnäppchenpreis benebelt, nach Hause getragen haben. Dort liegen Fernbedienungstaschen ebenso wie das Doppelklingen-Wiegemesser (an ihm säble ich mir immer fast die Finger ab, wenn ich die Besteckschublade aufmache) und sind nur mehr praktisch, wenn wir sie endlich weggeworfen haben.

Der reine Überfluss

Die gelben Einkaufstüten, mit denen wir uns durch die Ikea-Märkte drängeln, verleiten mich regelmäßig zu unüberlegten Käufen. Die Tüte, die ich mir wider besseres Wissen doch jedes Mal am Anfang der Möbelausstellung über die Schulter hänge, ist ohne Inhalt bedrückend schlaff. Die große Henkeltasche weht es in diesem Zustand schon bei der kleinsten Bewegung von der Schulter, und auch in der Hand an den Tragegurten lässt sie sich leer nur widerspenstig tragen. Das Shopping-Behältnis fleht in seinem flatterhaften und faltigen Zustand förmlich danach, mit Waren gefüllt zu werden.

Lieber den Gewürzständer *Rationell* zu 6,90 Euro in die Tüte packen und ihr damit einen Sinn geben, als mit einer schlaffen Plastikplane in der Hand durch den Laden zu schlurfen. Aber weil nur *ein* unsinniges Produkt die riesige Tüte nicht nachhaltig füllen kann, stopfen wir noch schnell ein paar andere von diesen Superschnäppchen hinein – der Gewürzständer bekommt Gesellschaft von einem grässlichen herzförmigen Kissen namens *Famnig Hjärta*, an das jemand zwei Hände genäht hat. Außerdem landet die Plastikleuchte *Lampan* im gelben Beutel. *Rationell* gibt der Tüte Gewicht, die beiden anderen Waren Volumen.

An der Kasse dann der nächste versteckte Angriff auf unseren Geldbeutel: Wir müssen die gelbe Tasche zurücklassen, denn sie ist nicht käuflich. Klar, wer würde schon für eine Tüte, die er bis eben durch den ganzen Laden getragen hat, nun noch etwas bezahlen? Weil wir uns jetzt aber so an den gelben Beutel gewöhnt haben, tauschen wir ihn an der Kasse gegen einen blauen. Den dürfen wir – natürlich gegen Bezahlung – dann mitnehmen.

Auch ich kaufe jedes Mal eine dieser blauen Tüten. Denn irgendwie muss der gerade gekaufte Plunder ja ins Auto und später vom Auto in die Wohnung (vierter Stock, kein Aufzug) transportiert werden. Die Freundin und ich nehmen uns zwar jedes Mal vor, eine unserer vielen blauen Tüten einzupacken, wenn wir zu Ikea aufbrechen, wir vergessen es aber regelmäßig. Vielleicht sind unsere Sinne schon schnäppchenvernebelt, wenn wir losfahren, vielleicht ist es die Angst vor dem Nutzlosen, das wir bald wieder nach Hause bringen werden, die erst in dem Moment verlorengeht, indem wir den Laden betreten.

Dass die gelben Tüten so groß sind, ist natürlich kein Zufall. Auch diesmal nutzt die Ikea-Führung jene menschlichen Schwächen, die ihr die Forschung verraten hat. Der

Wissenschaftler Paco Underhill hat den naheliegenden Zusammenhang zwischen der Größe von Einkaufskörben beziehungsweise -wagen und dem Umfang des Einkaufs experimentell bewiesen. Bei einer Untersuchung in einer amerikanischen Drogeriekette stellte er fest, dass der Umsatz der Filialen markant anstieg, sobald die Angestellten jenen Kunden, die mehr als zwei Produkte in ihren Händen trugen, Einkaufskörbe anboten. Die Kunden hatten sich zunächst keinen Korb genommen, weil sie ja nur etwa Aspirin kaufen wollten. Erst auf dem Weg durch den Markt war ihnen eingefallen, dass sie auch noch Shampoo, Windeln oder Sonnencreme brauchten. Nur irgendwann hatten sie dann keine Hand mehr frei – in diesem Moment kamen die Verkäufer mit den Körben, und die Kunden kauften auch noch Zahnpasta, Kosmetik, Reinigungsmittel und was Drogerien in Amerika sonst noch im Sortiment haben.

Ikea stellt uns die riesigen gelben Taschen gleich am Anfang des Verkaufsweges zur Verfügung. Und wer sich da noch geziert hat, kann sich später noch an weiteren shoppingstrategisch wichtigen Punkten eine Tüte nehmen, damit die Hände wieder frei werden, um weiteren Plunder zu kaufen. Wie provozierend die gelben Tragetaschen wirklich sind, wird am deutlichsten, wenn sich Mütter und Väter einen der Ikea-Kinderwagen nehmen, die meist vor dem Småland für sie zur Verfügung stehen. Daran befinden sich zwei Stangen, die nach vorne ragen und an denen sich die gelben Beutel befestigen lassen – und zwar weit geöffnet wie ein riesiger gieriger Mund, dessen Hunger nun gestillt werden muss. Wie ein weit aufgerissener Schnabel eines Vogeljungen, der aus Sicht der Mutter nichts als gelber Schlund ist, kreischt uns die Tüte stumm entgegen und will gefüttert werden.

Im Erdgeschoss setzen die Schweden ebenfalls auf Größe. Die Einkaufswagen, die dort nach der grauen Betontreppe auf uns warten, haben Maße, mit denen man in normalen Kleinsupermärkten in fast jedem Gang die Regale leerkaufen könnte. Na gut, wir befinden uns in einem Möbelhaus, da dürfen die Einkaufswagen ruhig etwas größer sein, denke ich mir jedes Mal und widme mich den Haushaltswaren, die in unmittelbarer Nähe zu den Wagen warten und immer ein schönes Packfundament auf den Drahtstangen des Einkaufsgefährts bilden. Doch auch hier drängt uns die Größe dieser Wagen dazu, mehr einzukaufen, als uns später lieb gewesen wäre.

Paco Underhill hatte bei Beobachtungen in der amerikanischen Haushaltswarenkette Pfaltzgraff bemerkt, dass viele Kunden mit gefährlich vollgestopften Wagen zur Kasse kamen. Der Wissenschaftler empfahl den Marktleitern, Einkaufswagen anzuschaffen, die um 40 Prozent größer waren als die bisherigen. Die Kunden reagierten wie gewünscht und luden sich nun die größeren Wagen fast genauso voll wie zuvor die kleineren – eine geringe Umstellung, die Pfaltzgraff einen erheblichen Umsatzwachstum bescherte. Seit ich das weiß, betrachte ich die mächtigen Einkaufswagen bei Ikea mit recht gemischten Gefühlen. Aber sie sind eben so leer und brauchen ihre Füllung. Also gehorche ich immer wieder dem unausgesprochenen Kaufbefehl.

Vor einigen Monaten hat Möbel Höffner im Westen Münchenchens eine Filiale auf einem ehemaligen Acker eröffnet, nicht weit vom Haus meiner Eltern entfernt. Der Laden trompetet seitdem mit den branchenüblichen Superlativen durch die Münchner Werbeblätter und Anzeigenplätze: »Münchens größtes Küchenstudio«, »das größte Möbelhaus Münchens«, »Deutschlands größter Vollservice-Möbelhändler« und so weiter. Dieser Größenwahn erzeugt bei mit zwar eine sofortige Abwehrhaltung, aber ich muss zugeben: Möbel Höffner im Westen Münchens ist groß. Viel zu groß. Das Gebäude hat beängstigende Ausmaße und verkauft auf einer Quadratmeterzahl, auf der wahrscheinlich drei Ikea-Märkte Platz finden würden, eine verwirrend große Anzahl verschiedener Produkte. Nach einer Weile habe ich das Gefühl, als könnten hier sämtliche Bewohner europäischer Steuerparadiese einziehen und würden sich anschließend seltener über den Weg laufen als in ihren Zwergstaaten voller Briefkastenfirmen.

Ihr lieben Höffners, das ist zu viel. Wer soll sich da zurechtfinden? Das Leben ist heute schon unübersichtlich genug, da will ich nicht auch noch von einem Möbelmarkt überfordert werden. Hört doch bitte auch auf die Shopping-Forschung. Auf das Konfitürenexperiment zum Beispiel. Das Ergebnis ist ganz einfach und eindeutig. Je mehr verschiedene Marmeladen ein Supermarkt anbietet, desto weniger kauften die Kunden und desto unzufriedener waren die Menschen nach ihrem Einkauf. Ein paar Marmeladen reichen völlig aus, es will doch niemand zu Hause sitzen und beim Frühstück deswegen frustriert sein, weil die andere Aprikosenkonfitüre bestimmt besser geschmeckt hätte, oder? Und wie ist das dann erst bei Sofas? Niemand kann sich zwischen dreihundert verschiedenen Couchgarnituren entscheiden und am Ende ohne den Zweifel, ob es wirklich die richtige Wahl war, auf dem bezahlten Polstermöbel sitzen.

Der Platzhirsch im Möbelwesen hat sich auch diesbezüglich besser vorbereitet. Ikea hat schon vor Jahren eine Obergrenze für seine Warenvielfalt beschlossen. Anfang 2002 reduzierte der Möbelhändler sein Sortiment von siebzehntausend auf etwa zehntausend unterschiedliche Artikel. In den Jahren darauf verkleinerte die Geschäftsleitung das Sortiment sogar noch weiter, so dass heute fast nur mehr halb so viele verschiedene Artikel in einem Ikea-Markt angeboten werden wie noch etwa in den neunziger Jahren. Das hat mehrere positive Effekte für die Schweden. Die Kunden fühlen sich nicht erschlagen von unübersichtlicher Vielfalt, sie sind zufriedener, wenn sie sich für ein Produkt entscheiden, und sie kaufen natürlich mehr. Für den alten Sparfuchs Ingvar Kamprad lohnt sich diese Maßnahme mehrfach – je geringer das Sortiment ist, desto günstiger lässt sich die Logistik organisieren. Ein weiterer positiver Nebeneffekt.

Ikea ist überflüssig

WG-Ausflug zu Ikea – der erste Fehlkauf

W as billig ist, wird gekauft, auch wenn es nicht praktisch ist. Das musste ich schon früh in meiner Käu-
ferkarriere erkennen. Es war während meines ersten WG-
Ausflugs zu Ikea. Astrid, unsere Mitbewohnerin, hatte die
vergangenen Wochen Einrichtungstipps aus *Schöner Wohnen* und der *Elle Decoration* gesammelt. Sie lernte Foto-
grafin, und »Design« war eine ihrer wichtigsten täglichen
Vokabeln. Für den Flur unserer muffigen Altbauwohnung
hatte sie Visionen von rückwärtig angestrahlten Glasbausteinen, die auf raffinierte Weise den Raum luftig wirken
lassen würden.

Ich glaube, damals war der Begriff Lounge zu Recht noch
mit Wartezonen auf Flughäfen assoziiert, aber Astrid hatte
dennoch Großes vor mit unserem Flur. Bisher stand da nur
das alte Ikea-Sofa – Kiefernholzrahmen und milchkaffeefar-
bene Polster mit Gittermuster –, das ich von meinem Onkel
übernommen hatte, als der die Anwesenheit von Kiefernholzmöbeln in seinem Freiburger Haus nicht mehr ertrug.

Das war um die Zeit des Mauerfalls, und das in meiner Erinnerung namenlose Zweisitzersofa war zwar mindestens so marode wie der antifaschistische Grenzwall, ließ sich aber trotzdem auch mit massiver Gewaltanwendung nicht ganz zerlegen, was den Transport erheblich erschwerte. Meine Familie und ich machten damals auf dem Weg von Freiburg nach München einen Abstecher in die Schweiz. Der Zöllner am Übergang nahe Weil am Rhein hielt uns pflichtgemäß an und verlangte Auskunft, ob man etwas zu verzollen habe und was denn da im Kofferraum unseres Kombis transportiert werde.

»Ein Sofa«, erklärte mein Vater wahrheitsgemäß.

Dem Zöllner glitt beamtische Aufregung durch die Züge, die Erfüllung seiner Dienstpflicht lag vor ihm.

»Ist es etwa antik?«, kieckste er schweizerisch erregt.

»Ikea«, sagte mein Vater.

Der Zöllner wandte sich ohne ein weiteres Wort ab.

Nun stand das wertlose Zollgut Jahre später störrisch im Flur unserer WG. Astrid redete sich in innenarchitektonische Rage. Wir zwei Jungs nickten nur und fuhren zu Ikea. Ohne Astrid. Sie blieb zu Hause, saß auf dem alten Sofa und telefonierte, um das Konzept von Glasbausteinen mit ausgeklügelter Beleuchtung im Gespräch mit ihren Freundinnen zu verfeinern. Irgendjemand musste davon erfahren, dass die dustere Drei-Zimmer-Altbauwohnung im Münchener Glockenbachviertel, fünfundsechzig Quadratmeter, schiefe Türen, bröslige Wände, bald reif für ein Porträt in *Schöner Wohnen* sein würde.

Es war Samstag, die Autobahn voll, vor der Ausfahrt zu Ikea gab es Stau, und im Markt selbst war es nicht besser.

Natürlich. Glasbausteine spielten hier keine Rolle. Ich kaufte eine Topfpalme, eine Schreibtischlampe und meinen ersten eigenen Schreibtisch, der noch heute in meinem Arbeitszimmer steht. Außerdem erwarb ich ein Holzregal für etwa 20 Mark, das sich nach dem ersten Mal Aufbauen niemals mehr auseinanderschrauben ließ, dafür aber ebenfalls immer noch in meinem Arbeitszimmer steht. Diese beiden minimalistischen Ikea-Möbel rütteln an meinen Vorurteilen, denn sie haben ganze Generationen anderer schwedischer Möbelstücke überlebt. Was mein Mitbewohner Dirk kaufte, weiß ich nicht mehr, aber ich glaube, es war ein Lattenrost, damit sein Futon nicht mehr direkt auf dem alten Parkett liegen musste. »Matratzen müssen atmen«, hat er damals gerne gesagt.

Dann gingen wir einer Sache auf den Leim, die von Ikea-Strategen Signalpreis genannt wird. Wir kauften drei Minisonnenstühle, die so entsetzlich billig waren, dass es gar nicht wahr sein konnte. Dabei handelte es sich um je zwei Holzrahmen pro Stuhl, die mit etwas Stoff bespannt waren und sich so ineinanderstecken ließen, dass ein Steiff-Tier von mittlerer Größe darauf keinen Bandscheibenvorfall erlitten hätte. Wir wussten insgeheim, dass wir diese kleinen Rückenfolterinstrumente nie im Leben brauchen würden und dass diese Minimöbel angesichts dessen, was wir für das Geld bekommen würden, auch nicht billig waren.

Wir redeten uns die Restholzkonstruktionen dennoch schön, indem wir ihren günstigen Preis lobten, und priesen sie als Teambuilding-Instrument, ohne das unsere WG auf ewig eine Zweckgemeinschaft bleiben würde, was uns damals pflichtgemäß als absolut verwerflich galt. Mit diesen drei total hippen und ironisch gebrochenen Sonnenstühlchen würden wir im Sommer unserer balkonlosen Wohnung entfliehen, so glaubten wir, und über den Speicher auf das verzinkte Dach klettern. Dort säßen wir dann, windgeschützt hinter dem geziegelten Kamin, Blick auf die Alpen und das Sechzger-Stadion in Giesing, ein Augustiner Helles in der Hand und würden trinken, reden, schweigen und zu einer echten WG zusammenwachsen. Zusammenwachsen zu etwas, das mehr bedeutete, als nur Küche, Klo und Kühlschrank zu teilen.

Beim ersten Mal hatten wir noch Spaß daran, uns in die viel zu engen, winzigen Stühle zu zwängen. Dirk presste ein Lachen hervor, während er sich die Finger einklemmte, als er versuchte den Stuhl für Astrid zusammenzustecken. Sie kam dann aber sowieso nicht mit aufs Dach. Der Speicher war ihr zu dreckig (da nisteten Tauben), und mit ihren Plateauschuhen, ohne die ich sie in dreieinhalb WG-Jahren niemals gesehen habe, bräuchte sie doch gar nicht erst versuchen, die wackelige Leiter zur Dachluke hochzuklettern. Dirk und ich versuchten dann zu zweit eine echte WG zu sein.

Beim nächsten Mal nahmen wir die Stühle zwar noch mit nach oben, aber wir ließen die Einzelteile auf dem verzinkten Dach liegen. Es war bequemer, einfach so hinter dem gemauerten Schornstein zu sitzen, weniger gefährlich sowieso. Und das war es dann. Nochmals nahmen wir die Stühle nicht mit aufs Dach, und das mit der echten WG wurde auch nichts. Wir hatten uns nichts zu sagen, und das Bad wollte Astrid auch nicht mit uns teilen, nur die Telefonrechnung.

In den folgenden Monaten fielen uns die Stühle nur noch auf, wenn jemand ernsthaft versuchte, die staubigen Ecken hinter dem gemeinsamen *Ivar*-Regal zu putzen, das jetzt statt Glasbausteinen im Gang stand und in das wir Dinge stopften, die wir nicht in unseren Zimmern haben wollten. Das Regal war übrigens ganz und gar unraffiniert beleuchtet und die Minisonnenstühle nicht mehr als nutzlose kleine Restholzposten. Mein erster selbstgetätigter nutzloser Kauf bei Ikea.

Unverschämt billig

»Signalpreis« ist das Schlagwort, mit dem Ikea unsinnige Dinge wie die beschriebenen Minisonnenstühle etikettiert. Die Sachen sind einfach so absurd billig, dass wir sie nur deshalb kaufen. Der wichtigste Signalpreis im Ikea-Universum ist der für die Hotdogs, die seit 1995 am Ausgang nahe der Kassen angeboten werden. Die Würstchen im Brot kosten nur 1 Euro – kaum zu glauben, dass Ikea auch damit noch ein bisschen Gewinn macht, aber es ist so, denn wir kaufen die Hotdogs in rauhen Mengen. Ich auch. Und zwar einfach deshalb, weil sie billig sind, verdammt billig. Dass diese seltsamen DIN-Norm-Industrie-Würstchen eigentlich gar nicht schmecken, fällt mir erst dann ein, wenn es zu spät ist und ich schon darauf herumkaue. Bis zum nächsten Mal habe ich es wieder vergessen.

Wie sehr wir uns begeistern, wenn wir etwas furchtbar billig kaufen können, ist ebenfalls an den Hotdogständen zu beobachten. Für einen Euro gibt es nämlich nicht nur Wurst mit Brot, sondern wir dürfen uns noch selbst so viel Senf, Ketchup, Gurkenscheiben und Röstzwiebeln auf den Hotdog häufen, wie wir wollen. Und wir wollen viel. Die größte Herausforderung ist es, die vielen Röstzwiebeln so mit Senf und Ketchup im Brötchen zu fixieren und mit Gurken zu beschweren, dass wenigstens die Hälfte der Zwiebeln im Mund und nicht auf dem Boden landet. Meine Leistung in dieser Disziplin kann ich nur mit den Worten beschreiben: »Er hat sich bemüht. Jedes Mal.«

Aber sie sind halt billig und die Zwiebeln umsonst. Da setzt unser Hirn aus. Meistens ist es ohnehin so, dass wir gar nicht wissen, was das genau kostet, was wir uns gerade in den Einkaufswagen geladen haben. Die überwältigende Mehrheit der Kunden gibt zwar an, dass nichts so wichtig für ihre Kaufentscheidung sei wie der Preis. Aber korrekt müsste es heißen: Kunden ist es gar nicht so wichtig, dass etwas billig ist, es muss nur billiger sein. Billiger als gestern, billiger als bei der Konkurrenz oder billiger, als wir glauben können. Die wahre Belohnung ist es nicht mehr, ein begehrtes Produkt zu einem vernünftigen Preis zu bekommen. Das Glück liegt für die meisten Kunden mittlerweile darin, dass wir ein T-Shirt zur Hälfte des ursprünglichen Preises gekauft haben oder wir sechs große Trinkgläser für nur 5 Euro kriegen. 5 Euro! Das ist ein Schnäppchen, mit dem wir prahlen gehen können. Die Gläser brauchen wir gar nicht, aber der Erfolg, ein Produkt zu einem Wahnsinnspreis erlegt zu haben, der macht uns glücklich.

Bei Ikea – Meister des benebelnden Schockpreises – bedeutet das, wir kaufen jedes Mal Dinge, die sich irgendwie praktisch anhören, die wir aber nie im Leben brauchen und die so unschlagbar günstig sind, dass wir doch zugreifen. »Deutliche Preisunterschiede zu unseren Mitbewerbern sind unerlässlich. In allen Bereichen müssen wir immer die eindeutig Günstigeren sein«, schrieb Ingvar Kamprad in seinem *Testament eines Möbelhändlers*, so etwas wie der offiziellen Kampfschrift für seinen Konzern, die er in den siebziger Jahren verfasste. Mehr noch: Bei Ikea müsse es immer eine gewisse Zahl an Preisen geben, die den Kunden den Atem rauben, hat Ingvar Kamprad einmal gesagt. Das ließe sich am ehesten mit Waren erreichen, bei denen der Kunde sofort erfasst, dass der angebotene Preis irrsinnig günstig ist: Bei einem Hotdog weiß jeder Kunde, dass ein Euro absurd wenig ist. Ingvar Kamprad hat damit das Prinzip »Wir kaufen nicht, weil etwas billig ist, sondern weil es billiger ist« subtil auf die Spitze getrieben. Ikea kann so die dämlichen Rabattaktionen anderer Möbelhäuser vermeiden, bei denen für die Küchenanrichte »Inge« erst Phantasiepreise angegeben werden, nur um diese dann auf einen halbwegs akzeptablen Preis zu reduzieren.

Wie gut Kamprad das Prinzip des Schockerpreises anwendet, ist in dem Dokumentarfilm *Mit Ikea nach Moskau* zu beobachten. Der Film erzählt die Geschichte zweier Ikea-Angestellter aus Berlin-Spandau – Manuela und Ulf –, die in Moskau den Aufbau einer neuen Filiale unterstützen. Kurz vor der Eröffnung besucht Ingvar Kamprad den Markt und kontrolliert, ob alles zu seiner Zufriedenheit vorbereitet wurde. Bei den *Billy*-Regalen erklärt ihm ein Angestellter, dass für das schmale Regal ein Super-Sonder-Aktionspreis vorgesehen sei. Dieser werde aber nur binnen kurzer Frist rund um das Eröffnungswochenende gewährt. Kamprad korrigiert seinen Mitarbeiter daraufhin und verfügt, dass die schmale *Billy*-Version dauerhaft günstig bleiben solle. Dann nämlich würde man höhere Stückzahlen absetzen. Und wer ein schmales *Billy* nur wegen des Spottpreises kaufe, der werde irgendwann wiederkommen, weil er auch eines der breiteren *Billys* haben will – zum Normalpreis natürlich. Der alte Kamprad versteht es eben, seine Angelhaken mit Ködern zu versehen.

Vom Hotdog lernen

Ingvar Kamprad verfeinerte seine Signalpreisstrategie in den neunziger Jahren. Vom Hotdog lernen hieß siegen lernen: Der Ikea-Gründer verlangte, dass künftig stets zehn weitere Artikel im Sortiment sein müssten, deren Preis die Kunden genauso begeistere und beneble wie die günstigen Würstchen mit Brot und Röstzwiebeln. Wie das funktioniert, schildert Rüdiger Jungbluth in *Die 11 Geheimnisse des Ikea-Erfolges*. Einer der ersten Signalpreis-Wurst-Nachfolger war demnach ein Becher aus Steingut, den jemand auf den Namen *Bang* getauft hat. Jeder, der schon einmal in Südasien war, wird diesen Begriff kennen. Allerdings bezeichnet er dort Waren, die hierzulande unter das Betäubungsmittelgesetz fallen. *Bang* war zwar zunächst nur ein billiger Becher von vielen im Sortiment der Schweden, aber er kostet nur etwa ein Drittel des nächstteureren Bechers.

Bang kam in Deutschland für eine Mark auf den Markt, und das Kalkül des Ingvar Kamprad ging wieder einmal auf. Ikea verkaufte weltweit fast zwölf Millionen *Bangs*. Wäre der Becher doppelt so teuer gewesen, wäre Ikea wahrscheinlich nicht einmal halb so viele davon losgeworden. Und da die Produktionskosten pro Stück mit steigender Menge sinken, hat Ikea auch an einem Produkt gut verdient, an dem pro verkaufter Einheit an sich nicht besonders viel zu holen ist – ganz nach dem Aldi-Prinzip: Verkaufe billig, aber verdammt viel davon.

Ikea macht etwa 30 Prozent seines Umsatzes mit Accessoires, also Kleinkram. Das klingt zunächst nicht viel, aber wenn man sich überlegt, dass man für das Dreiersofa *Karlstad* zu 449 Euro fast neunhundert *Bang*-Becher bekommen hätte, dann klingt das ganz anders. In Stückzahlen ausgedrückt, ist der Anteil an Schnickschnack am Umsatz phantastisch hoch.

Praktisch, praktisch, günstig

Wir schleppen lauter Dinge von Ikea nach Hause, die praktisch erscheinen, die man aber mit an Sicherheit grenzender Wahrscheinlichkeit niemals brauchen wird. Ein paar Beispiele aus meiner Karriere als Ikea-Kunde und als Ikea-Kunden-Beobachter:

Die Rotweingläser Optimal für 1,70 Euro das Stück. In der Sechzig-cl-Version kosteten sie, glaube ich, sogar nur einen Euro das Stück. Diese Gläser sind schön groß, so dass sich das Aroma feiner Weine aufs vortrefflichste entfalten kann. Große Weingläser sind ja gerade in Mode. Das Fassungsvermögen der Gläser hat in den vergangenen zwanzig Jahren stetig zugenommen, analog zum wachsenden Getöse, das um Wein veranstaltet wird. *Optimal* sind sogar so voluminös, dass ohne große Mühe eine ganze Flasche Rotwein in den Gläsern Platz hat. Tobias, der uns gerne besucht, um Rotwein zu trinken, und mir immer den

Computer repariert, wenn ich nicht mehr weiß, warum das Ding nicht das macht, was es machen soll, hat das mal erfolgreich ausprobiert. Das Glas hat dann allerdings gewirkt wie ein rotgefärbter bayerischer Maßkrug, der auf einem Flamingobein steht und jeden Moment zusammenbricht.

Optimal hat einen entscheidenden Nachteil. Wenn man mit den Gläsern anstößt, dann klingt das, als würde man zwei Schnabeltassen aus Plastik aneinanderschlagen. Wenn man bei dem ganzen Weingenuss-Gedöns mitmacht, dann sollte beim Anstoßen ein halbwegs aristokratischer Kristallklang ertönen, sonst trinken wir doch gleich aus Pappbechern. Diese Rotweingläser sind nur etwas für den echten Schnäppchenkönig. Vielleicht für einen Bekannten, dessen Namen ich jetzt lieber nicht nenne. Der hat sich bei Riedel eingedeckt, einem namhaften Hersteller sehr teurer Weingläser – nur zweite Wahl, winzige Fehler, sieht man gar nicht, trotzdem super und nur 20 Euro das Stück. Jetzt hat er aber jedes Mal, wenn Gäste da sind, Angst, man könnte ihm die edlen Gläser in Stücke prosten. Vielleicht sollte er sich *Optimal*-Gläser besorgen, falls er mal wieder Freunde einlädt. Ein angespannter Gastgeber, der sich um die Unversehrtheit seiner Weingläser sorgt, macht keinen Spaß. Beim *Perfekten Dinner* gäbe das empfindlichen Punktabzug, selbst wenn die edlen Gläser ganz toll zur Tischdeko gepasst hätten.

Der Apfelteiler Charm. Das Gerät aus rotem Plastik quillt seit dem Jahreswechsel 2007/08 aus großen Behältern auf Paletten, die an mindestens vier Stellen in den Ikea-Einkaufshallen aufgestellt sind. Zumindest nehme ich die Apfelteiler seitdem wahr und frage mich, wo es so viele

Äpfel gibt, um sie mit diesen so praktischen Geräten fein zu zerteilen? Die Überproduktion landwirtschaftlicher Erzeugnisse scheint mit der Produktion von Apfelzerteilungs-Überkapazitäten einherzugehen.

Charm hat einen Rahmen und Griffe aus leuchtend rotem Plastik. In der Mitte befindet sich ein Schnittgitter, das den Apfel theoretisch in sechs schöne und gleichgroße Schnitze zerlegt. Das Kernhaus wird dabei auch rausoperiert. Das *Charm*-Schnittgitter hat die Form der kleinen Plastiktorten, mit denen man bei Trivial Pursuit vom Geographie- zum Sportfragefeld rutscht und die kleinen bunten Tortenstücke aus Plastik hineinsteckt, wenn man eine Frage auf dem entsprechenden Feld richtig beantwortet hat. Nur dass *Charm* in der Mitte eine kreisrunde Aussparung hat – fürs Kernhaus. Das Ding soll 3,90 Euro kosten und wandert nur deshalb in die Einkaufswagen, weil *Charm* so nett aussieht und man doch auch mal wieder Äpfel essen könnte. Es greifen also Menschen zu, die sonst nie Äpfel essen, aber mit *Charm* könnte man doch jetzt endlich mal … Äpfel sind ja auch so gesund, weiß jeder, sagt jeder. Und Lebensmittel müssen heutzutage gesund sein. Wir wollen uns alle gesund ernähren, jeder weiß, wie es geht, jeder macht es anders, und eigentlich hat niemand eine Ahnung, was das eigentlich ist, gesunde Ernährung. Zu Hause stellt man auf jeden Fall fest, dass es völlig egal ist, ob Äpfel gesund sind oder nicht, solange man diesen Apfelzerteiler *Charm* nicht ständig abwaschen muss. Und die blöden Äpfel lassen sich auch nicht in die Ikea-Norm pressen. Man braucht doch noch ein zusätzliches Messer, um alle Kernhausrückstände zu entfernen.

Der Schnitzelklopfer Koncis, made in China. Der Fleischklopfer hat die Form eines netten Hammers im Retro-Look und ist in den Ikea-Märkten nicht nur im Überfluss vorhanden, er wird auch massenhaft verkauft. Ein Grund dafür könnte sein, dass wir uns in Deutschland am liebsten Kochshows im Fernsehen anschauen – wenn gerade keine Einrichtungssendung läuft. Johann Lafer brutzelt und quasselt, Johannes B. Kerner schwärmt und labert, Tim Mälzer brabbelt und brät. Der omnipräsente Alfons Schuhbeck ist auch da, und wenn es nur als lebensgroße Pappfigur in einem seiner vielen Läden in deutschen Fußgängerzonen ist. Und wir sitzen vor dem Fernseher und schauen zu, wie sie alle ihr Fleisch schön plattklopfen.

Tags darauf lesen wir in den Feuilletons der deutschen Zeitungen, dass wir nur noch Kochsendungen ansehen, aber niemand mehr selber kocht. Aus Trotz kaufen wir uns dann bei Ikea einen Schnitzelklopfer, den wir zu Hause in eine überfüllte Küchenschublade stopfen und nur noch bemerken, wenn wir uns Besteck holen, um die gebratenen Nudeln vom Asia-Take-Away oder die Fertig-Currywurst aus dem Kühlregal zu essen. Ein Schnitzel braten wir fast nie, das war vor dem Erwerb von *Koncis* so, danach auch. Und was passiert, wenn wir mit dem Klopfer auf den »Curry-King« oder die Nummer sechsunddreißig vom Asia-Laden (»Nicht so scharf bitte«) hauen, das passt jetzt nicht hierher. Aber so ein Schnitzelklopfer, der ist wirklich wahnsinnig nützlich. Und 5,50 Euro für den *Koncis*-Qualitätsklopfer aus Edelstahl und Aluminium, ich bitte Sie, das ist doch fast geschenkt!

Die Aufbewahrungsdosen in den verschiedenen Formen, Farben und Materialien. Die Freundin und ich haben die Regale in unserer Küche mit diesen Dosen, Gläsern mit Bügelverschluss, Gläsern mit Alustöpsel und Schälchen mit Plastikdeckeln nahezu komplett vollgestellt. Mir geht es mit diesen Dosen ähnlich wie mit Notizbüchern, Terminkalendern oder den sogenannten Organizern. Jedes Mal, wenn ich einen bekomme, und ich habe über die Jahre mindestens fünfzehn bis zwanzig Moleskine-Kalender oder Blankobüchlein geschenkt bekommen (»um Ideen und Gedanken aufzuschreiben«), dann trage ich zu Anfang des Jahres ein paar Termine ein oder kritzele ein paar Beobachtungen auf die ersten Seiten eines Blankobuches. Spätestens im Februar schaue ich gar nicht mehr in die Büchlein, vergesse dann, dass ich sie besitze, und benutze sie nicht mehr.

Die Aufbewahrungslösungen *Burken*, *Söta* und *Pruta* sind für mich so etwas wie die Moleskines der Küche. Sie schaffen mir die Illusion, unser Leben und Kochen sei organisierbar. Wenn wir die Dosen und Gläser nach Hause gebracht haben, befüllen wir sie gleich mit Nudeln, Mehl, Tee oder anderen Dingen. Aber nach einer Weile nehme ich die Nudeln nicht mehr aus dem Glas, sondern direkt aus der Packung und lasse die angebrochene Portion unverstaut, während das entsprechende Glas verstaubt. Wenn die Aufbewahrungsmöglichkeit nicht transparent ist, vergesse ich außerdem schnell, was in der Dose eigentlich steckt. Ich weiß zum Beispiel nicht, in welcher der vielen Blechdosen ich nach dem normalen schwarzen Tee suchen müsste.

Die aufräumbare Küche bleibt eine Illusion für mich. Da jedoch nach einer Weile immer wieder Produkte bei uns auftauchen, die nicht in die von uns gebildeten Kategorien passen, aber durch ihre bloße Neuheit noch auffallen, schaffen wir uns immer wieder Bedarf für neue *Burkens*, *Sötas* und *Prutas* – es ist stets ein Kommen und kein Gehen in unserer Küche.

Die Vase *Skämt*. Ikea erzieht zu Geschmack, schreiben die Auguren des Designwesens immer wieder. Ikea überzieht das Land allerdings auch mit hässlichen Kleinteilen. Zum Beispiel die Vase *Skämt*. Das Ding ist etwa dreißig Zentimeter hoch, eckig und reckt sich wellenförmig empor. Die Vase ist deckend lackiert, gerne in Gold, und sieht so aus, als habe man dafür Werkstoffe der chemischen Industrie verwendet, die bei Erstkontakt mit der Haut exotische Krebsarten erzeugen. Platz ist in *Skämt* nur für eine Blume oder für die gewundenen Bambusstöcke, an deren Ende ein einzelnes Blatt hängt und die man in den vergangenen zwei Jahren mindestens viermal geschenkt bekommen hat. Das wirklich Perfide daran ist, dass man sich größte Mühe geben muss, damit der Bambus in *Skämt* eingeht. Dazu ist aktive Vernachlässigung der Pflanze nötig, denn das Ding ist einfach zu widerstandsfähig. Und wegschmeißen ist bei Deko-Geschenken leider immer gefährlich.

Das Glück einer vollen Wohnung

Optimal, *Charm*, *Koncis*, *Burken*, *Söta* und *Pruta*, das Tischset *Soaré*, der Topfuntersetzer *Heat* aus Kork, drei Stück 2 Euro, der Besteckständer *Ordning*, das Tischset *Sorti* aus Palmenblättern – »Handarbeit, jedes Produkt ist ein Unikat« (für 1,49 Euro!) – oder das Geschenkband *Önska* zur Verpackungsverhübschung haben viele Freunde und sind auch bei mir zu Hause in großer Zahl zu finden. Das sensationell hässliche Dekorationskaninchen *Jönacker* aus Porzellan oder einem ähnlichen, billigeren Werkstoff (3,99 statt 9,99 Euro) gehört zum Glück nicht dazu. Der Rest jedoch, der war billig, und ich brauchte das Geld nicht. So habe ich den Krempel – genau wie Millionen anderer Ikea-Kunden – nach Hause getragen und die Wohnung damit sukzessive vollgestellt. In meiner Wahrnehmung muss ich schon froh sein, wenn die Wohnungstür überhaupt noch zugeht, so voll erscheinen mir unsere drei Zimmer, Küche, Bad, Balkon manchmal.

Aber das ist natürlich eine Illusion, haben mir die Mitarbeiter von Ikea erklärt: In meinem Stammmöbelhaus hing neulich ein großes gelbes Transparent, mit einer wichtigen Botschaft. »Wir wissen, dass auch in kleinen Räumen oft mehr Platz ist, als du denkst!« Mit Ausrufezeichen. Jawohl! Da passt noch was rein, bei uns zu Hause. Ein *Förhöja* geht noch, ein *Förhöja* geht noch rein.

Ikea nimmt die Angst vieler Kunden in diesem Statement so ernst, dass es diese Sorge zu entkräften sucht. Und wir Kunden? Wir verdrängen diese Sorge in vorauseilendem Gehorsam und häufen immer mehr Kram an. So hat im Jahr 2007 ein durchschnittlicher deutscher Haushalt schon etwa 10 Prozent mehr Dinge gekauft als noch sieben Jahre zuvor. Die Mühen der Entsorgung all dieser unnützen Dinge sind mittlerweile schon wesentlich größer als der Aufwand, den wir betreiben, um all diese Waren zu kaufen. Jede Trennung tut weh, jeder neue Kauf verschafft uns dagegen einen kurzen Glücksmoment.

Nur haben sich auf diese Weise fast absurd große persönliche Besitztümer angehäuft: Etwa fünfzehntausend verschiedene Dinge besitzt ein durchschnittlicher deutscher Haushalt – das ist fast doppelt so viel wie das komplette Sortiment eines Ikea-Marktes. Die durchschnittlichen deutschen Haushalte, die zugleich zu den durchschnittlichen Ikea-Kunden zählen und 3,5-mal jährlich dorthin fahren, besitzen dagegen fünfzigtausend Dinge. Mindestens.

Dabei verhalten wir Ikea-Kunden uns wie Junkies. Der erste Kauf hat uns noch große Glücksgefühle beschert. Das erste *Billy*-Regal und der erste Hotdog ließen uns die Jubelhormone durch die Adern schießen. Dann verringerte sich mit jedem Besuch (wenn der durchschnittliche Ikea-Kunde 3,5-mal jährlich kommt, heißt das, dass sehr viele Menschen sehr viel häufiger dort hinfahren), mit jedem Kauf das anschließende Hochgefühl etwas. Jetzt brauchen wir mehr, mehr Waren, mehr Schnäppchen, mehr Krempel, um das gleiche Hochgefühl auszulösen, das wir mit unserem ersten Einkauf erlebt haben.

Die Wissenschaft nennt dieses Phänomen das Wohlstandsparadoxon. Mit steigendem Lebensstandard steigt auch das Niveau unserer Ansprüche. Der Apfelzerteiler *Charm* für wenig Geld ist sozusagen der Kaugummi geworden, den wir als Kinder für 10 Pfennig aus einem schmuddeligen Automaten gezogen haben. Und *Charm* bereitet uns heute kaum länger Glück als damals dieser Kaugummi, der nach wenigen Minuten nach nichts mehr geschmeckt hat. So verringert sich mit jedem neuen Kauf die Dauer der durch die Ware gewährten Lusterfüllung.

Die Suche nach dem Glück, das uns Waren verschaffen

sollen, ist aussichtslos. So kaufen wir immer mehr in immer kürzeren Abständen und lassen uns dabei davon beruhigen, dass in einen kleinen Raum sehr viel mehr passt, als wir manchmal glauben. Wir dekorieren uns das Leben zu Tode, bis wir nichts mehr fühlen. Oberhalb einer bestimmten erreichten Wohlstandsgrenze steigt das persönliche Glücksempfinden nicht mehr, so beschreibt es die Glücksforschung. Da können wir kaufen, bis der Beutel brummt, es hilft nichts. Im Gegenteil, denn oberhalb eines gewissen erreichten Ikea-Standards, beziehungsweise einer erreichten Ikea-Besitzgrenze, schlägt dieses Glück sogar in sein Gegenteil um. Ich habe es erlebt.

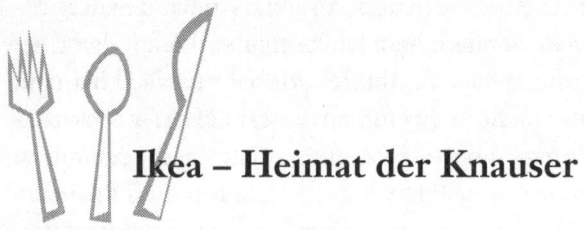

Ikea – Heimat der Knauser

Der sparsame Kamprad

Ingvar Kamprad ist ein wandelndes Marketingwunder für seinen Konzern. Er erscheint wie das Paradebeispiel eines Underdogs. Wird ein neuer Markt eröffnet, ist Kamprad fast immer dabei. Dann steht da ein alter Mann, der durch eine Brille mit Kassengestell blickt, in abgelaufenen Schuhen steckt und abgewetzte Hosen trägt, irgendwo im eben errichteten Brückenkopf seiner Weltbeherrschungsmaschine und herzt Kassiererinnen. Er fragt, ob die Lkw-Fahrer Kaffee kriegen, weil sie doch dann schneller zu Ikea fahren, wenn sie wissen, dass man auf sie warte. Das spare wertvolle Sekunden, fügt der Möbel-Großvater dann hinzu. Tritt Ingvar Kamprad vor die Presse, dann betont er immer wieder seine Schüchternheit, sein mangelndes Selbstbewusstsein und sein Problem mit dem Alkohol. Gerne beteuert er auch, wie wenig Stil und Geschmack er habe, wie hilflos er als Organisator auftrete. Seltsame Worte für den Gründer eines der größten und komplexesten Unternehmen der Welt.

Was Ingvar Kamprad aber am liebsten erzählt und die Medien am liebsten berichten, sind die Anekdoten, mit denen er seine legendäre Sparsamkeit belegt. Klar, der Chef eines Unternehmens, das billige Möbel verkauft, bei dem jeder Cent kalkuliert ist und das selbst mit Hotdogs zu 1 Euro noch Gewinn macht, obwohl sich die Menschen so viel Ketchup, Senf, Zwiebeln und Gurken auf das Brötchen laden können, wie sie mögen, der muss als der Supersparmann auftreten. Das vermittelt Glaubwürdigkeit, und die Bescheidenheit passt perfekt ins Schwedenbild der Deutschen: Der Mann macht das tatsächlich nur, um uns alle zu mehr Glück zu verhelfen. Den Sparwahn des verschrobenen Alten, den finden wir richtig putzig – so reich muss man erst mal sein, um sich so was leisten zu können.

Kamprad wohnt seit den siebziger Jahren in einem Dorf bei Lausanne in der Schweiz. Dort zog er hin, um Steuern zu sparen. Das wäre nicht weiter ungewöhnlich. Michael Schumacher, Boris Becker und ein paar andere reiche Deutsche sind ebenfalls auf Anraten ihres Steuerberaters in die Schweiz gezogen. Putzig sind andere Meldungen. 2006 hieß es, Kamprad fahre einen fünzehn Jahre alten Volvo. Außerdem reise er ausschließlich zweiter Klasse, und falls er irgendwo in einem – selbstverständlich günstigen – Hotel absteigen muss und sich ein Getränk aus der Minibar nimmt, dann ersetzt er es mit einem entsprechenden Getränk aus dem Supermarkt. Diese Geschichte dementierte Kamprad allerdings: Er habe noch nie etwas aus der Minibar getrunken, erklärte der Milliardär, das sei zu teuer. Aber die Idee, die Getränke zu ersetzen, sei verdammt gut. Mehrfach erzählte der Schwede dagegen, dass er in Lausanne am liebsten gegen frühen Nachmittag auf den Markt gehe, um einzukaufen. Dann sei nämlich das Gemüse oft billiger, weil die Händler Angst hätten, dass sie ihre Ware wegschmeißen müssten.

Seinen *Poäng*-Schwingsessel benutzt Kamprad seit über dreißig Jahren. Er wäscht Einweggeschirr aus, um es wiederzuverwenden. Teelichter aus seinem eigenen Unternehmen bestellt der Gründer mit Personalrabatt. Terence Conran, dem Gründer der Einrichtungskette Habitat, die Kamprad 1992 kaufte, schickte der Schwede angeblich einmal wiederverwertete Weihnachtskarten vom vergangenen Jahr. Bis vor kurzem ließ er sich die Haare in der Nähe von Älmhult auch noch von einem pensionierten Friseur schneiden. »Der ist inzwischen allerdings zu teuer geworden, jetzt gehe ich für 14 Franken in der Schweiz. Das ist ein angemessener Preis«, zitiert ihn die *Financial Times Deutschland*.

Die Liste der Sparfuchsanekdoten ließe sich schier endlos fortsetzen. Ob jede Geschichte wahr ist oder nicht, lässt sich kaum prüfen. Sicher ist, sie nutzt dem Unternehmen und ihrem Gründer.

Wer so reich ist und so geizig, der muss auch in seinem Unternehmen mit strengem Rotstift regieren, denken sich die Kunden bei Kamprads Legenden und sind sich sicher, dass Ikea am billigsten ist. Die Schweden müssen sich deshalb gar nicht auf die permanenten Rabattaktionen einlassen, mit denen der sonstige Möbelhandel zu locken versucht.

Oft haben die Ikea-Kunden mit ihrer Einschätzung recht. Wie das Unternehmen kaum schlagbare Preise anbieten kann, ist schnell erklärt: Ikea lässt in extrem hohen Stückzahlen produzieren. Dafür verzichtet man auf eine hohe

Marge. Oft reichen ein paar Cent Profit pro verkaufter Einheit, dafür setzt Ikea dann eine Million Stück ab. Das summiert sich. Außerdem wird gespart, wo es geht. Am Personal, am Material und so weiter. Besonders aber bei der Logistik. Nicht umsonst sind die Pakete mit den Möbeln flach – so lassen sich pro Lkw mehr Pakete transportieren. Die Pakete selbst sind wie von fernöstlichen Großmeistern der Faltkunst befüllt. Die Einzelteile der Möbel müssen so haargenau in die Pappschachteln passen, dass kaum noch Luft darin bleibt. Denn transportierte Luft ist nicht nur überflüssig, sie mindert auch den Profit. Und Profit, so predigt Kamprad seit über sechzig Jahren, ist ein wunderbares Wort. Dass wir die Möbel auch noch selbst aussuchen, aufbauen und nach Hause fahren, spart dem Unternehmen zusätzlich eine Menge Geld.

Bei so viel vorgelebter Sparsamkeit wundert es nicht, dass einige Kunden ihrem Vorbild Kamprad nacheifern wollten – und das ausgerechnet in seinem Möbelmarkt. Gebrauchte Becher wurden im Restaurant aus der Geschirrrückgabe gegriffen, im Toilettenwaschbecken gespült und anschließend immer wieder neu gefüllt. Eine Weile bot Ikea als Service Gratiswindeln an. Viele Kunden schleppten die Windeln stapelweise nach Hause, bis der Konzern reagierte. Nun werden Eltern, deren Kinder die Hose voll haben, nur mehr einzelne Windeln ausgehändigt. Ähnlich ist es mit den Babynahrungsgläsern. Auch mit diesen packten sich sparsame Eltern die Taschen voll, ganz wie es Ingvar Kamprad wohl machen würde. Nun händigen die Kassierer in den Restaurants die Alete- oder Hipp-Gläser nur noch einzeln aus und schrauben den Deckel dabei gleich auf. Damit nun wirklich keiner den Kamprad mimt.

In Internetforen tauschen sich Ikea-Schnorrer aus und bieten Anleitungen zum Hamstern von Mahlzeiten an: »Einfach einen Zettel mit der eigenen Meinung ausfüllen, Adresse angeben und irgendwas Unerfreuliches schreiben, zum Beispiel, ich musste über dreißig Minuten warten. Schon kommt ein Gutschein für ein Frühstück ins Haus«, schreibt etwa eine Daniela bei »Frag-Mutti.de«. Dem Chefsparer Kamprad kann das nicht recht sein. Sparen soll nur er, und zwar sein Geld. Wir Ikeaner sollen stattdessen unser Geld in den blaugelben Wohnwelten abgeben.

Geld sparen bei Ikea

Wenn wir schon dem Drang nicht widerstehen können, bei Ikea unser Geld zu lassen, dann wollen wir dabei wenigstens sparen. Warum das aber meistens auch in die Hose geht – selbst wenn wir tatsächlich nur mal geschaut und uns auf jene günstigen Möbel beschränkt haben, die wir auch wirklich wollten –, das erklärt Yvonne.

Yvonne hatte ihren Abschluss an einer Universität im Südwesten des Landes gemacht. Mit guter Note im Zeugnis und diversen Praktika im Lebenslauf bewarb sie sich für einen Aufbaustudiengang in Berlin. Sie bekam einen Platz und zog in eine Wohnung in Kreuzberg. Nun gilt Berlin zwar als Stadt, in der es sich vergleichsweise billig wohnen lässt, aber viel Geld hatte Yvonne trotzdem nicht zur Verfügung. Die Möbel standen bei ihrem Freund in der gemeinsamen Wohnung weit im Süden, und die übrigen Sachen hatten ihre diversen Umzüge nicht überlebt. Sie brauchte einen Kleiderschrank – und Sparen in Verbindung mit Geldausgeben, das geht am besten bei Ikea, dachte sie.

Mit einem Freund fuhr sie mit der U-Bahn zur Filiale in Berlin-Tempelhof. Zu zweit würden sie die Sachen schon nach Hause kriegen, waren die Studenten überzeugt, schließlich sei ja bei Ikea alles praktisch verpackt.

Yvonne und ihr Bekannter kauften ein, bekamen den Schrank, und sie sahen, dass der Karton groß war. »Das Ding hat ungefähr dreißig Kilo gewogen«, sagt Yvonne. Zu zweit schleppten sie den Schrank, der sehr günstig gewesen sein soll, bis auf den Parkplatz. Dort mussten sie einsehen, dass an dieser Stelle Schluss war. Die paar hundert Meter bis zur U-Bahn zu schaffen, daran war nicht zu denken. Die Studenten riefen sich ein Taxi, dessen Fahrer angesichts des großen braunen Kartons sofort wieder umkehren wollte.

Yvonne bekniete den Taxifahrer, der sich aber nur durch ein erhöhtes Beförderungsgeld erweichen lassen wollte und im Laufe der Verhandlung nur einen Preisnachlass von lediglich einem Euro auf seinen Ursprungspreis gewährte. Yvonne und ihr Bekannter fuhren schließlich zu etwa der Hälfte des Preises, den der Schrank gekostet hatte in die neue, noch leere Wohnung.

Sie machten sich sofort daran, den Schrank aufzubauen, und standen schnell vor einem Problem, das in seiner Häufigkeit in Kürze die legendäre fehlende Schraube überholt haben dürfte: In einer Schrankwand waren keine Löcher vorgebohrt. Yvonne rief die Ikea-Kundenhotline an – mit dem Handy, denn einen Telefonanschluss hatte sie in ihrer neuen Wohnung noch nicht. Handy und Hotline ist eine teure Kombination, und nach etwa zehn Minuten Warte-

schleife sowie mehreren Minuten Gespräch war sie ungefähr ein weiteres Drittel des Preises für ihren billigen
Schrank los.

Die Tür mit frischen Bohrlöchern kam dann knapp zwei
Wochen später per Post. Ein Schnäppchen bei Ikea.

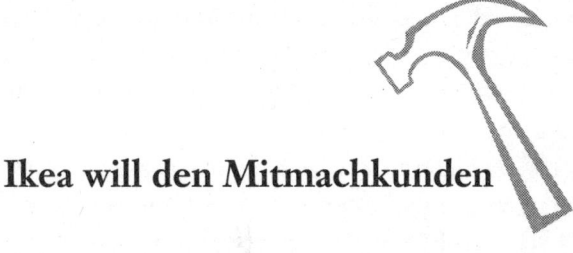

Ikea will den Mitmachkunden

Du musst schrauben

Am Anfang schraubten wir nur unsere Möbel selbst zusammen, die wir ohne Beratung eines Verkäufers ausgesucht hatten, die wir eigenhändig in den viel zu kleinen Wagen gestopft und anschließend die Treppen in unsere Wohnung hinaufgetragen hatten. Dort bauten wir die Sperrholzplatten mit einem kleinen Inbusschlüssel und großer Geduld auf, um anschließend ein Mittelgebirge aus Styropor, Pappe und weiteren Verpackungsmaterialien zu entsorgen.

Dann fingen wir an, unserem Möbelhaus zu erzählen, was genau wir uns wünschen, wer wir sind und was wir kaufen – einfach, indem wir uns die Ikea Family-Card holten. Wir gaben dem Möbelhaus preis, was wir uns wünschten, was wir anders haben wollten, und akzeptierten sogar, dass die Schweden das als guten Service verkauften. Erst als der Konzern Ende 2007 ankündigte, dass seine Kunden bald selbst an Scannerkassen die Strichcodes auf den flachen Pappverpackungen von *Poäng*, *Billy*, *Gutvik* und den anderen suchen sollten, um dann die EC-Karte selbst durch das Lesegerät zu ziehen, da fingen wir an zu murren. Endlich begannen wir, gegen die Erziehung in unserer Ikea-Familie mit dem strengen Onkel Ingvar zu rebellieren.

Zu spät. Die Schweden hatten den Boden bereitet, über den jetzt andere Firmen den Mitmachkunden hetzen, den Konsumenten, der denjenigen, auf die er eigentlich angewiesen ist, ohne Scheu Arbeit aufhalst.

Wir holen Pakete an der Pack-Station der Post ab und halten das für guten Kundenservice. Wir checken am Flughafen an einem Automaten ein, weil die Schlangen an den wenigen offenen Schaltern so lang sind, dass wir Angst bekommen, unseren Flug zu verpassen. Wir versuchen an anderen Automaten Bahnfahrkarten zu kaufen, ohne uns in den vertrackten Menüebenen zu verlieren, die sich jemand ausgedacht haben muss, dessen Hobby es ist, komplizierte Regionalfahrpläne aufeinander abzustimmen. Wenn wir nach gefühlten hundertfünfzig Einzelschritten aufgeben und uns verzweifelt nach dem Automaten-Guide umblicken, der eben noch zwei resignierten Rentnern zu erklären versuchte, wie das mit der Platzreservierung funktioniert, ist der längst zwischen einem Rudel verzweifelter Bahnreisender verschwunden.

Wir drucken uns Kontoauszüge selber aus und akzeptieren die Portogebühr, wenn wir das zu lange nicht gemacht haben und uns die Bank doch ungefragt die Auszüge zuschickt. Wir erledigen unsere Überweisungen online und lassen uns gleichzeitig darüber belehren, wie nahe uns Internetbetrüger dabei ständig auf den Fersen sind. Wir recherchieren Preise im Internet und besorgen uns in Foren Informationen über Produkte, weil wir gar nicht damit rechnen, dass wir jemals einen der wenigen Verkäufer zu Gesicht bekommen, die sich in Bau- oder Elektromärkten zwischen Staubsaugern, Kreissägen, Bandschleifmaschinen und Flachbildfernsehern vor hilfesuchenden Kunden verstecken. Wir tragen sogar bereitwillig einen halben Meter Happy-Digit-Kundenkarten mit uns herum, um irgendwann zwei Burgunder-Rotweinpokale zu bekommen, die uns nach dem Umsatz von etwa 5000 Euro für nur 6,99 Euro Zuzahlung zustehen. Für diese prima Prämie verraten wir bereitwillig alles über unsere Einkaufsgewohnheiten.

Das alles machen wir, ohne zu zögern. Denn wir haben bei Ikea gelernt, dass es eine Leistung ist, auch in einem Laden, in dem wir Kunde sind, alles selbst zu machen. Und wenn das ganze Gehampel wenigstens den Eindruck erweckt, unsere Leistung helfe, den Preis für unsere vielen Lieblingsprodukte niedrig zu halten, dann nehmen wir sogar einen Telefonhörer in die Hand und verschwinden für einen Tag – 14 Cent die Minute – im Labyrinth der unzähligen Callcenter.

Unsere Ikea-Familie hat uns das alles beigebracht, denn hej, wir gehören doch zum Team. Wir sind Teil eurer wunderbaren Welt, wo wir so gern mit euch an blaugelb gedeckten Tischen sitzen, die wir selbst zusammengeschraubt haben.

Entdecke die Möglichkeiten

Stellen wir uns mal vor, wir gingen zum Italiener, um eine Pizza zum Mitnehmen zu kaufen. (Oder sagt man da jetzt auch schon »to go«? Egal.) Genau wie bei Ikea kriegt man als Resultat seiner Bestellung einen flachen Karton in die Hand gedrückt. Zum Glück enthält die Pappschachtel vom Italiener ein fertiges Produkt. Niemand würde es akzeptieren, wenn sich statt einer zum Verzehr bereiten Pizza nur ein Klumpen roher Hefeteig, etwas Tomatensugo, ein Häufchen Käse, ein Stapel Salami, ein paar Pilze und die anderen Zutaten darin befinden würden. In diesem Fall würden wir selbst unsere dringenden Bedenken, der Pizzabäcker könnte gefährliche Cousins in Neapel oder Palermo haben, ignorieren und dem Kerl mit all den Zutaten mal so eine richtige Pizzafresse zaubern.

Bei Ikea ist das anders. Der Möbelhändler Ingvar Kamprad verkaufte seinen Kunden beinahe von Anfang an Möbel, die diese selbst zusammenschrauben mussten. Schon in den fünfziger Jahren listete der Ikea-Katalog einen Tisch namens *Max*, dem Kunden selbst zu seiner Bestimmungsform verhelfen mussten. Es war jedoch zunächst nicht Kamprad selbst, der seine Kunden zu Bastlern machte. Die Idee hatte der Werbegrafiker Gillis Lundgren, den der Ikea-Chef für die Produktion des Katalogs verpflichtet hatte. Es war Gillis' Bequemlichkeit, die nun Millionen Menschen zu Zwangsheimwerkern gemacht hat. In einer Halle einer Möbelfabrik in Älmhult, die für Ikea produzierte, hatten er und Kamprad Möbel möglichst gemütlich zusammengestellt, um sie zu fotografieren. Als sie fertig waren, und die Möbel wieder zusammenpackten, ärgerte sich Gillis darüber, dass *Max*, der Tisch, so sperrig war. Ein Tisch werde doch wesentlich handlicher, wenn man der Platte die Beine ausreiße, führte der Werbegrafiker angeblich an. Dann sei *Max* auch viel leichter zu transportieren, und das sei doch ziemlich prima.

Der Geschäftsmann Kamprad erkannte schnell, welches Potenzial die Idee seines Mitarbeiters mit der Personalnummer 004 hatte. Zum einen beschwerten sich in der Frühphase seines Unternehmens besonders viele Kunden über die geringe Qualität seiner Möbel. Was auch daran lag, dass die ersten Tische, Stühle und Co. an die Kunden versendet wurden, und dabei blieb eben häufig mal ein Tischbein auf der Strecke. In Einzelteile zerlegt, ließen sich die Möbel einfacher und sicherer verschicken. Zum anderen – und was viel wichtiger war – konnte Kamprad seine Möbel preiswerter anbieten, wenn die Kunden die Sachen selber zusammenbauten.

Der erste Ikea-Katalog, der 1974 in Deutschland erschien, machte aus der eigentlichen Zumutung munter eine Tugend: »Es ist ziemlich teuer, König Kunde zu sein. Der ganze Hofstaat muss schließlich mitbezahlt werden. Also haben wir diese Art Monarchie abgeschafft und tragen Sie nicht mehr auf Händen herum. Sondern lassen Sie selbst mit Hand anlegen.« Mit antimonarchistischen Parolen ließen sich Deutschlands Ikea-Kunden der ersten Stunde – Studenten und sogenannte Nonkonformisten – ohnehin gut ködern. Da klang es in einem der vielen Nachfolgekataloge schon etwas defensiver: »Das Aufbauen mag zwar manchmal etwas knifflig sein, hat aber den großen Vorteil, dass Sie die meisten Möbel gleich mit nach Hause nehmen können.«

Möbel von Ikea selbst aufzubauen ist seitdem selbstverständlich geworden. Die damit verbundenen Probleme gehören zur weitverbreiteten Ikea-Folkore, zu den Geschichten, bei denen jeder im Publikum eifrig mitnickt. Entweder, weil er sie selbst in ähnlicher Form erlebt hat, oder weil er durch die vielen Anekdoten schon überzeugt ist, es sei ihm auch einmal passiert, dass er *Billys* Schrauben so fest angezogen hat, dass es die sparsam ausgelegten Pressspannseitenwände gesprengt hat. Der Ikea-Slogan »Wohnst du noch, oder lebst du schon« wird von diesen Menschen gerne zum »Schraubst du noch, oder lebst du schon« uminterpretiert. Das ist längst genauso abgedroschen wie die jahrelang in Deutschland von Kommentatoren, Feuilletonisten und Leserbriefschreibern mantrahaft wiederholte Warnung vor einer um sich greifenden Geiz-ist-Geil-Mentalität. Doch signalisiert es, wie präsent die Schweden mit ihrer Werbung sind und wie verbreitet die persönlichen Geschichten vom Aufbau blühender Wohnlandschaften. Jeder hat bereits Erfahrungen mit dem Möbelgiganten gemacht.

Auch ich signalisiere eifrig Zustimmung, wenn von Paketzerfetzern berichtet wird; wenn von Menschen die Rede ist, die Ikea-Pakete brachial aufreißen und den Inhalt der vielen Schraubentüten um sich herum verstreuen; wenn von falschen oder fehlenden Schrauben und von falschen oder fehlenden Bohrungen erzählt wird; wenn es heißt, dass die mitgelieferten Montageanleitungen überflüssig sind und ignoriert werden können. »Wirre Zeichnungen ersetzen keinen klaren Geist«, habe ich dazu einmal gelesen. Ein schöner Satz, der als Rechtfertigung taugt, wenn nach einer Stunde kopflosen Schraubens und zwei Bier das eintritt, womit der Münchner Möbelhändler Kare im Sommer 2006 warb, kurz bevor die deutsche Nationalmannschaft im WM-Achtelfinale auf die schwedische Mannschaft traf: »Keine Sorge. Bei den Schweden hat's noch nie mit dem Aufbau geklappt.«

Trotz all dieser Aufbaulegenden, durch die sich die Kunden der Schweden selbst immer wieder ihrer handwerklichen Leistungen und der scheinbar naturgegebenen Notwendigkeit des Schraubens versichern, ermahnt Ikea den Mitmachkunden durch stete Erinnerung. In der Möbelausstellung eines Ikea-Marktes habe ich an der Küche *Faktum/Avsikt Abstract-Rubrik-Nexus* diese Erziehungsmaßnahme gelesen: »Die Küche kostet geliefert und aufgebaut 6943 Euro. Aber: Wenn du selbst montierst, dann sparst du 1219 Euro, wenn du sie selbst transportierst, sparst du 79 Euro, wenn du die Ware selbst entnimmst, dann sparst du auch noch mal 25. Mach also mit, lieber Ikea-Kunde, und zahl nur 5620 Euro.«

Welcher männliche Kunde akzeptiert da die Niederlage, die in dieser Mitteilung angelegt ist, und lässt sich die Küche nach Hause fahren und womöglich auch noch aufbauen? Dass die Montage der Küche vermutlich ähnlich kompliziert ist, wie der Name des Einbaumöbels nahelegt, das wird dem ambitionierten Heimwerker erst klar, wenn er zu Hause einen Platzregen von identischen, beinahe identischen und verdammt ähnlichen Bauteilen ausschüttet. In diesem Moment wird dem Montagemeister in spe auch klar, dass für den Aufbau der meisten Ikea-Möbel eine zweite Person nötig ist. Jemand, der hilft und hält. Jemand, der eine zweite Fehlerquelle und vor allem ein zweiter Krisenherd ist. Wenn du dann, lieber Ikea-Kunde, nach zwei Wochen schwerer Konflikte doch den Montageservice bestellst und du einige Bauteile, die du kaputtgeschraubt hast, neu bestellen musst, dann wirst du einsehen, dass es doch manchmal ganz gut ist, wenn der Kunde König bleibt, denn dann wirst du merken: Es war doch nicht billiger, alles selber zu machen, es hat Zeit, Nerven, Selbstvertrauen und vor allem Geld gekostet. Aber du wolltest eben so gerne sparen.

Der einzige Beteiligte, der auf diese Weise Kosten vermeidet, ist Ikea. So hat der Soziologe Günther Voß ausgerechnet, dass Kunden dem Möbelhaus bereits etwa eine Milliarde Euro an Lohnkosten erspart hätten – alleine durch die Montage der bisher etwa achtzig Millionen verkauften *Billy*-Regale. Für seine Rechnung ist er von einer Montagezeit von dreißig Minuten bei einem Stundenlohn von 25 Euro ausgegangen. Das ist eine Menge Holz.

Ich schraube, also bin ich

Warum kommen und kaufen alle, obwohl sie wissen, dass sie die Möbel selbst aufbauen müssen; obwohl sie sich Gruselgeschichten vom wackeligen Möbel erzählen? Gerade deshalb, so lautet die Antwort. Weil selbst aufgebaute Möbel den Kunden Glücksmomente bescheren: Sie sind stolz, weil ihnen etwas gelungen ist, weil sie etwas geschafft haben. Sie haben etwas Handwerkliches geleistet und eine Kommode, ein Bett oder einen Schrank aufgebaut. Dass die Möbel ein bisschen schief geraten sind und manche Bauteile vielleicht schon vom Hersteller etwas flüchtig zusammengetackert waren, das ist jetzt auch in Ordnung. Selbstgemachtes muss schließlich nicht perfekt aussehen, die handwerklichen Erlebnisse trösten über die oft mangelnde Qualität hinweg.

Der Kulturwissenschaftler Thomas Düllo interpretiert die Lust der Deutschen am Möbelschrauben beinahe marxistisch: »Wir leben im Zeitalter der Indirektheit. Die Dinge sind fertig. Die Erfahrung des Selbermachens ist uns abhandengekommen. Das Attraktive am Hantieren besteht im Erfahren von Direktheit.« Der Ikea-Kunde finde über den Gebrauch des beigelegten Inbusschlüssels wieder zu sich – ein Stück Aufhebung der arbeitsteiligen Gesellschaft. Während sich andere durch das fertige Produkt anderer Möbelhäuser von der eigenen Ursprünglichkeit entfremden, bastelt der Ikea-Kunde nicht an seinem Möbel, sondern an seinem innersten Selbst. Ich schraube, also bin ich. Fehlende Bauteile und komplizierte Aufbauanleitungen wertet Thomas Düllo lediglich als Herausforderungen. Als Hürden, die man auf seinem Weg zum Heimwerker unbedingt bewältigen will. Wahrscheinlich stehen in seinem Arbeitszimmer Antiquitäten und sogenannte Designermöbel, sonst wüsste er, was er da sagt.

Die derzeit schwer angesagte Glücksforschung sekundiert Herrn Düllo und anderen Kulturwissenschaftlern, die Ähnliches über *Billy* und *Leksvik* zu sagen haben. Menschen fühlen sich demnach bei selbstbestimmten Aktivitäten am wohlsten. Und zwar dann, wenn sie in den sogenannten Flow geraten, in einen Zustand selbstvergessener Beschäftigung. So wird das Aufbauen von Möbeln zum persönlichen Glück umgedeutet. Als Tätigkeit, die den postmodernen Menschen wenigstens eine halbe Stunde von den Einrichtungs- und Kochsendungen des Privatfernsehens fernhält und ihm vergegenwärtigt, wozu ihn der Besitz zweier Hände befähigt. Eine Tätigkeit, die Menschen für einen Moment das Gefühl gibt, sie hätten ihr Leben selbst in der Hand.

Entdecke die Möglichkeiten! Werde Handwerker für

eine Stunde! Spüre das Glück deiner Hände Arbeit, lieber Ikea-Kunde! Der kommerzielle Erfolg der Schweden spricht für diese Thesen aus dem Hochlager des deutschen Feuilletons. Ikea macht uns zu glücklichen Handwerkern, die Lust am Meckern über die eigene Unfähigkeit inbegriffen. Da ist es doch nebensächlich, dass halb Deutschland einschließlich der Kulturwissenschaftler »Imbus-« statt korrekt »Inbusschlüssel« zum wichtigsten Werkzeug des Ikea-Universums sagt. Hauptsache der Wickeltisch namens *Singular* steht und wackelt.

Aufbruch in der Niederlage

Ich selbst habe mein handwerkliches Selbstbewusstsein ebenfalls durch eine Ikea-Erfahrung zurückgewonnen. Es war ein Erweckungserlebnis. Lange Zeit hielt ich mich – wohl zu Recht – für einen erbärmlichen Heimwerker, zumindest seit ich in frühen Jugendjahren meine Abenteuerspielplatzphase abgeschlossen hatte, in der wir viele wackelige Hütten im Vorgriff auf das, was noch kommen würde, zusammengenagelt hatten. Wie ich mich aber in ernster Umgebung, also in der eigenen Wohnung anstellte, wenn es ums handwerkliche Geschick ging, das illustriert der erste Einsatz meiner ersten selbsterworbenen Bohrmaschine.

Aus der Wohngemeinschaft war gerade eine Pärchenwohnung geworden – ein Zeitpunkt heimwerkerischen Auf- und Umbruchs. Die Freundin und ich wohnten jetzt alleine in der Drei-Zimmer-Altbauwohnung, und wir machten uns daran, das gemeinsame Nest herzurichten und möbelmäßig auszupolstern. Die Bohrmaschine hatte ich bei eBay ersteigert und hatte so immerhin den Besuch eines Baumarkts vermieden. Ich war jetzt ein Mann und hatte meine eigene »Black&Decker«.

Mit dieser Bohrmaschine habe ich also ein Loch gebohrt. An einem Sonntag, so gegen 19 Uhr. Wir wollten ein kleines Vitrinenschränkchen aufhängen. Das Loch ließ sich recht gut an, und in klassisch-konservativer Rollenteilung (Mann bohrt, Frau hält den Staubsauger und fängt die Brösel aus der Wand auf) belasteten wir das Verhältnis zur Nachbarschaft. Dann gab es einen Ruck, und der Bohrer rutschte ohne weiteren Widerstand in die Wand. Es zischte aus dem Loch, als ich die Bohrmaschine zurückgezogen hatte. Na ja, es gab einen Luftzug, aber immerhin deutlich zu spüren. Und irgendwie roch das nach Gas.

Mein Kopf fühlte sich heiß genug an, um das Zeug zu entzünden und das Haus samt lärmgeschädigter Nachbarn in die Luft zu jagen. Ich rief beim Installationsnotdienst an. Die Nummer steht im Telefonbuch gleich unter Giftnotruf. »Da müssen Sie die Auskunft anrufen und nach dem Notruf der Stadtwerke fragen«, der Mann hatte einen gefährlich besorgten Ton. Bei der Auskunft brauchte die freundliche Frau sehr lange, um mir mitzuteilen, dass ihr Name Monika Sowieso sei, dass sie bei der Auskunft arbeite und wie sie mir denn jetzt helfen könne. Aus dem Loch zischte es, in mir loderte Panik. »Stadtwerke! Notrufnummer! Gasleitung!«, würgte ich hervor und bekam eine Nummer. Anrufbeantworter. Bei Notfällen wählen Sie Nulleinhundertneunzig und so weiter.

Irgendwie habe ich die Nummer des Gasnotrufs der Stadtwerke doch noch rausgefunden – ich glaube, ich habe die Polizei angerufen. Der Mann war freundlich und klang sehr besorgt. »Wir sind sofort da!« Das hörte sich gut an, jetzt würde gleich ein Profi von den Stadtwerken auftauchen, im Blaumann und mit Werkzeugkoffer. Der würde das Loch wieder stopfen und so die Situation und unser Leben retten.

Drei Minuten später war das Sirenengeplärr, das aus der Ferne anrückte, aufdringlich laut geworden. Unter unserem Fenster parkten mindestens zehn Feuerwehrfahrzeuge. Leiter- und Löschwagen, Einsatzfahrzeuge, Blaulicht, dazwischen wuselte eine Horde behelmter Feuerwehrmänner, die nicht klingelten, weil das bei austretendem Gas gefährlich sein kann, sondern laut nach Einlass brüllten.

Etwa zwanzig Mann trampelten das Treppenhaus hinauf und durch die Wohnung bis zum zischenden Loch. Ein Feuerwehrmann drehte den Gashahn zu, ein anderer hielt seine Nase vor das Bohrloch, der nächste trug ein High-tech-Gasschnüffelgerät. »Das ist kein Gas!«, bellte der mit dem Gasschnüffler. Der mit der Nase bestellte per Funk die übrigen angeforderten Einsatzfahrzeuge ab, dann trampelte der Trupp wieder davon, vorbei an besorgten Nachbargesichtern.

Später kam dann doch noch eine Leon-der-Profi-Ausgabe eines Gasmanns, mit Mütze, Brille und Koffer. Ohne Blaulicht, dafür mit Blaumann. Noch ein Gasschnüffelgerät und wieder Entwarnung. Wo ich reingebohrt hatte, wusste Leon der Gasmann auch nicht. »Alter Schacht oder so«, brummte er. Auf jeden Fall könne ich jetzt den Dübel ins Loch stecken, sagte er und ging. Ich habe das Loch mit »Moltofill« wieder zugespachtelt. Den Vitrinenschrank haben wir bis heute nicht aufgehängt, zu sehr erinnert mich das Kästchen an meine größte Schmach als Heimwerker.

Hemnes hilft

Es war Ikea, das mir mein Selbstbewusstsein zurückgegeben hat. Erste Wiederbelebungsversuche unternahm ich bei der Montage eines *Gorm*-Weinregals, bei der ich mir die Hände an sechsundfünfzig langen schwarzen Schrauben blutig drehte. Der Schraubenschlüssel – warum Ikea bei *Gorm* auf inbustaugliche Schrauben verzichtet, weiß ich nicht – rutschte immer wieder ab. Es dauerte Stunden, bis alle sechsundfünzig Schrauben im Kiefernholz verschwunden waren. Immerhin: Ein erster erfolgreicher Versuch, aber technisch war das keine Herausforderung. *Gorm* ließ sich schmerzhaft simpel aufstellen, es ging hier um bloße Ausdauer.

Wirklich aufgebaut hat mich das Tagesbett *Hemnes*. Das ist ein kleines Wunder an Funktionalität. *Hemnes* sieht aus wie eine weißgestrichene langgestreckte Holzkiste, bei der man den Deckel vergessen und die vordere Seite zur Hälfte aufgesägt hat. *Hemnes* müht sich nun, Landhausatmosphäre in unserem Gäste- und Arbeitszimmer zu verbreiten.

Hemnes kann so viel. Es ist ein Zweisitzersofa mit Rücken- und Armlehnen; das Bettgestell lässt sich ausziehen, so dass darauf bequem zwei Gäste schlafen können – die Liegefläche hat dann sagenhafte hundertsechzig mal zweihundert Zentimeter. Drei große Schubladen im Bettgestell bieten das, was Ikea Stauraum nennt. Ich weiß allerdings

157

nicht so genau, was in den Schubladen tatsächlich verstaut ist, denn jedes Mal, wenn ich sie aufziehe, fällt mindestens eines der Kinderbücher, die die Freundin aus Dekorationszwecken auf die Rückenlehne gestellt hat, hinter das Bett. Beim letzten Mal hatte ich außerdem das Frontbrett einer Schublade in der Hand. Da ist mir der Kollege Matthias eingefallen. Der hat neulich gesagt, er habe die Schubladen seines Ikea-Schrankes jetzt endgültig zusammengenagelt. Das sehe zwar scheiße aus, aber jetzt habe er sie nicht ständig in Einzelteilen in der Hand. Vielleicht sollte ich die Schubladen auch zunageln, ich würde sowieso höchstens Dinge in *Hemnes* verstauen, deren Existenz ich verdrängen möchte.

Ich liebe *Hemnes* trotzdem, denn ich habe das Bett aufgebaut. Es war kompliziert. Jede praktische Funktion – Sitzen, Schlafen, Zu-zweit-Schlafen, Sachen-in-die-Schubladen-Stopfen – baut auf einer großen Menge Schrauben, Holzzapfen, Latten, Bretter und so weiter auf. Für *Hemnes* habe ich eine grundsätzliche Scheu überwunden, einen Baumarkt aufgesucht und mir einen Akkubohrschrauber mit nicht unbeträchtlicher Wattzahl ausgesucht. Als *Hemnes* in Kartons verpackt, dazu zwei Matratzen namens *Sultan* schon in der Wohnung lagen, habe ich kühl kalkuliert und zunächst beide Akkus für das neue Werkzeug gründlich aufgeladen. Dann sortierte ich die Schrauben in Haufen, studierte tatsächlich die Aufbauanleitung und begann, *Hemnes* seine Funktionalität zu schenken. Ich gehorchte Herrn Düllo und gab mir Mühe, mich mit dem Produkt meiner Arbeit zu identifizieren.

Es lief gut. Besser als erwartet. Ganz am Anfang meiner Aufbauleistung wunderte ich mich kurz, dass einige Bohrungen in den Holzplatten doch recht großzügig ausgefallen waren. In die Löcher gehörten diese kleinen Drehgreifer, deren tatsächliche Bezeichnung wohl Verbinder ist. Die Dinger packen das Ende von Schrauben an, die seitlich aus den anderen Bauelementen herausstehen, und fixieren diese, wenn man sie mit dem Schraubenzieher dreht. Anfangs wirkten einige Verbinder etwas verloren in den zu großen Bohrlöchern, doch als ich sie ordentlich anzog, sah das trotzdem ganz solide aus.

Es lief immer noch ganz gut. Nach etwa einer Stunde war der erste Akku leergeschraubt, und *Hemnes* sah immer noch nicht aus, als wäre irgendetwas daran funktionstüchtig, geschweige denn funktional. Eine weitere Stunde verbrachte ich damit, widerspenstige kleine schwarze Plastikstifte in die Latten für den Rost zu stecken und die kleinen schwarzen Plastikstifte immer wieder vom Boden aufzusammeln. Die Dinger fielen jedes Mal wieder aus ihren Bestimmungslöchern, sobald ich versuchte, die Latten an ihren von der Aufbauanleitung vorgesehenen Ort zu verbringen. Wenigstens schonte diese Arbeit den zweiten Akku für den Elektroschrauber.

Als alle siebenundzwanzig Latten mitsamt schwarzen Stiften an ihren Bestimmungsort geflucht waren, fehlte nicht mehr viel. Nun aber waren die verbliebenen noch zu befüllenden Bohrlöcher plötzlich zu klein. Besser gesagt, die runden Schraubengreifer waren jetzt zu groß, was eindeutig die schlechtere Alternative war, auch wenn nur wenige Millimeter fehlten. Das war der Moment, in dem ich endlich begriff, dass es zwei verschieden große Verbinder im *Hemnes*-Bauset gab. Mit dieser Erkenntnis gefüttert, entdeckte ich diese Information nun auch in der Aufbauanleitung. Und natürlich weise ich jegliche Kritik, ich hätte diese zuvor nicht ausreichend oder nur unaufmerksam studiert, auf das schärfste zurück.

Nicht lang, und auch der zweite Akku war leergeschraubt, denn ich musste *Hemnes* wieder komplett in seine Einzelteile zerlegen. In alle Einzelteile. Die schwarzen Plastikstifte fielen ja mehr oder weniger von alleine wieder aus den Latten, und Zeit zur innerlichen Besinnung hatte ich, während die beiden Akkus wieder aufluden.

Der zweite Aufbauversuch ging dann glatt. Er nahm trotz der Erfahrung und Übung, die ich im ersten Versuch hatte sammeln können, wieder etliche Stunden und viel elektrische Energie in Anspruch. Am Ende stand *Hemnes*, und mein Selbstbewusstsein lag zunächst in Einzelteilen auf dem Boden. Echte Aufbauhilfe leistete dann mein Schwager in spe. Der ist Handwerkermeister, hat sein Wohnhaus nahezu komplett selber auf- und ausgebaut und hat ebenfalls *Hemnes* im Gästezimmer stehen. Ihm sind die gleichen Fehler unterlaufen, auch er hat Stunden gebraucht, und selbst sein Profi-Akkuschrauber musste zwischendrin an die Ladestation. Seit ich das weiß, bin ich sehr stolz auf mich und *Hemnes*.

Entdecke die Möglichkeiten, aber nicht alle

Not ist ein Ikea-Klassiker. (Die Not-und-Elend-Scherze spare ich mir lieber, die Gefahr, dass diese zu platt werden, ist extrem hoch.) *Not* ist eine Stehlampe beziehungsweise ein sogenannter Deckenfluter. Das sind diese Lampen, die auf einer dünnen Metallstange eine Art Obstschüssel –

meist aus weißem Porzellan – montiert haben. Darin befindet sich die Glühbirne, die ihr Licht senkrecht nach oben an die Zimmerdecke abgibt. Indirektes Licht, warmes Licht sind die Begriffe, die in diesem Zusammenhang zu nennen sind. *Not* ist die spartanische Version eines Deckenfluters und kostet im Katalog 2008 nur 7,50 Euro. Das ist zwar wenig Geld. Es muss jedoch erwähnt werden, dass dafür auch eine recht magersüchtige Lampe geboten wird.

2007 wurde *Not* zu einem Symbol. Dafür nämlich, dass Ikea uns zwar dazu zwingt, glückliche Heimwerker zu werden, aber uns genau vorschreibt, welche Möglichkeiten zu entdecken sind. Ausschließlich jene, die in den jeweiligen Bedienungsanleitungen beschrieben sind. Der New Yorker Webdesigner Aaron Rutledge hatte nämlich gefrevelt. Der damals Dreißigjährige, so berichtete die Presse, beklebte die Leuchtschale seiner *Not*-Lampe mit bunten Post-It-Zetteln und schuf so ein Unikat. Wahrscheinlich hat er anschließend gesagt, dass die neue Lampe sehr viel besser zu seiner Persönlichkeit passe und seinen Charakter unterstreiche. Um diesen Aspekt geht es seltsamerweise immer häufiger. Bei MTVs Sendung *Pimp My Ride*, in der alte Autos zu Wagen aufgemotzt werden, mit denen sich in Deutschland höchstens Zwanzigjährige in Landkreisen wie Freyung-Grafenau oder Uecker-Randow trauen, gegen Alleebäume zu fahren, jubeln die Beschenkten danach auch stereotyp, das neue Auto spiegele nun endlich ihre Personality wider.

Genauso ist es bei Einrichtungsshows, Styling-Beratungen und so weiter: Es reicht nicht, wenn ein Schrank schön aussieht und viele Kleider in sich aufnehmen kann, er muss auch ausdrücken, dass sein Besitzer dynamisch, erfolgreich, kulturell interessiert, sportlich und was weiß ich noch alles ist. Was die *Not*-Lampe mit den Post-Its am Schirm ausdrücken könnte? Dass Aaron Rutledge viel im Büro arbeitet? Er sich nichts merken kann? Dass er gerne viele Pläne macht? Ich hoffe, er hatte einfach nur Spaß daran, seine *Not* zu verschönern.

Das allein war auch nicht das Problem. Das Problem aus Sicht des schwedischen Konzerns war, dass Aaron Rutledge seine Version des *Not*-Deckenfluters fotografierte und die Bilder auf dem Internet-Blog der Malaysierin Mei-Mei Yap zusammen mit vielen anderen umdekorierten Ikea-Waren veröffentlicht wurden. Kleider aus *Tanja*-Duschvorhängen gab es dort zu sehen, Computergehäuse aus Couchtischen namens *Hol* und allerlei andere Bastelarbeit aus der Hand von Menschen, die Ikea-Produkte umfunktioniert, umdekoriert oder umgebaut haben und sich selbst Ikea-Hacker nennen.

Mei-Mei Yap und ihre Mitstreiter aus der ganzen Welt sind nicht alleine. Auch in Deutschland betrieben Fans des schwedischen Möbelhauses Webseiten mit den sogenannten Ikea-Hacks. Das Unternehmen scheint dies jedoch nicht gerne so sehen. Eine deutsche Ikea-Hackerseite musste 2007 vom Netz genommen werden. Die offizielle Begründung lautete, dass die Seite wegen des Layouts und der Adresse Ikeahacker.de kaum von der echten Ikea-Internetpräsenz zu unterscheiden war. Mei-Mei Yap hat der Konzern offenbar in Ruhe gelassen, aber begeistert ist das Unternehmen von der Gratiswerbung, die Ikea-Fans freiwillig im Netz verbreiten, nicht besonders.

Entdecke die Möglichkeiten, aber lass sie andere nicht

entdecken. Bastele und bau, aber sprich nicht darüber, scheint hier das Moto zu sein. Der deutsche Ikea-Sprecher Kai Hartmann rechtfertigte das gegenüber *Spiegel Online* im Sommer 2007 unter anderem mit Sicherheitsbedenken. Einige der Produkte, die Ikea-Hacker da zusammengeschraubt hätten, könnten die Sicherheit der Benutzer dieser Möbel gefährden. Deshalb wolle man den Eindruck vermeiden, die Internetseiten würden von Ikea selbst betreut. Wie es mit der Sicherheit der Pressspanmöbel bestellt ist, die Ikea-Kunden zu Hause zusammenschrauben und die so behandelt auch nicht immer Ähnlichkeit mit den Abbildungen im Ikea-Katalog (dem offiziellen!) haben, das sagte Hartmann nicht.

Ikea nun verbrecherisches Verhalten vorzuwerfen ginge etwas weit. Trotzdem sind zwei Dinge verwunderlich. Zum einen, warum sich das Möbelhaus anscheinend so sehr gegen die kostenlose Werbung im Internet sträubt, und die Ikea-Bastler nicht einfach werkeln und fotografieren lässt. Und zum anderen, warum sich Kunden, mehr noch, Fans bestimmter sogenannter Kultmarken mittlerweile so bereitwillig vorschreiben lassen, wie sie die gekauften Waren zu verwenden haben. Ikea zeigt Bastlern die kalte Schulter, und diese lieben den Laden trotzdem.

Auf die Spitze treiben das all die Apple-Fans, die ihre Geräte mit religiöser Inbrunst anbeten und verteidigen. Dass es sich lediglich um Computer oder andere Elektrogeräte handelt, vergessen diese Menschen. Fans ist egal, dass das iPhone nur mit einem fixen Vertrag zu haben war oder dass sie ihren MP3-Player-iPod nur über eine Zwangssoftware mit Musik bestücken können. So etwas dürfen sich nur Firmen erlauben, die als gut gelten. Dass sie solche Bedingungen bei anderen Firmen niemals akzeptieren würden, vergessen die Fans dieser Business-Icons.

Transportprobleme

Ikea baut seine Wellblechhütten in die Peripherie großer Städte. Solange eine Autobahnausfahrt in der Nähe und Platz genug für einen großen Parkplatz ist, reicht es für einen blaugelben Standort. Die Armee der bescheidenen Enthusiasten um Feldmarschall Ingvar Kamprad zwingt uns, mit dem Auto weite Strecken zurückzulegen, um neben den schon so viel beschworenen Teelichtern auch die Vasen *Superfin* und *Snärtig*, vielleicht ein paar Blockkerzen namens *Hemsjö*, den Kronleuchter *Sirlig*, die Wandleuchte *Orgel* oder anderen überflüssigen Unsinn mit Namen wie *Kvart*, *Kryssbo*, *Melodi* und *Cesium* zu kaufen und eigenhändig nach Hause zu transportieren.

Ein Einkauf bei Ikea gerät aber doch in der Regel aus dem Ruder, und dann steht man da, glotzt sein Auto blöd an, schaut auf die Masse an Waren, die auf dem Einkaufswagen gestapelt ist, und überlegt, ob man mit der Leistung, die es braucht, um das ganze Zeug heil ins Auto zu stopfen, nicht auch bei *Wetten dass ...?* mitmachen könnte. Die machen doch seit vielen Jahrzehnten mit Vorliebe Wetten, in denen Baggerführer Spitzen-BHs mit ihren Maschinen öffnen, sich siebenundzwanzig Marburger Sonderpädagogen in einen alten Volvo zwängen oder Piloten mit ihrem Hubschrauber vierzig Geburtstagskerzen (*Fenomen* oder *Florera*?) in eine Buttercremetorte stecken.

164

Das Prinzip ist stets: Männer lösen fisselige Aufgaben, die sie mit ihren Händen nicht bewältigen könnten, indem sie riesige Maschinen dafür verwenden. Ich habe es geschafft, mit einem Citroen 2CV, einer alten roten Ente, vor Jahren sechs *Ivar*-Regalseitenteile in der Zweihundertsechsundzwanzig-Zentimeter-Ausführung, eine entsprechende Anzahl *Observatör*-Stützkreuze, eine Kommode – ich weiß nicht mehr, ob es *Rast*, *Ramberg* oder *Hopen* war – einen Tisch *Ingo* und den ganzen anderen unweigerlichen Schnickschnack in die Wohnung einer Freundin zu transportieren. Und ja, diese Freundin saß auch noch mit in der Ente. Eine schier übermenschliche Leistung, die nur möglich war, weil sich das Dach der Ente aufklappen ließ und die mehrere Meter hohen *Ivar*-Teile wie Fahnenmaste daraus hervorragten. Das war übrigens das einzige Mal, dass ich eine Funktion dieses Autos, das in irgendeiner Form immer kaputt war oder gar nicht fuhr, richtig sinnvoll fand.

Für *Wetten dass …?* hätte ich mich mit dieser Fahrt- und Packleistung allemal qualifiziert, denn der Normalfall nach einem Großeinkauf bei Ikea verläuft anders. Etwa wie bei Robby und Jutta, alten Freunden meiner Eltern, die ihre Ikea-Matratze zwischen Nürnberg und Erlangen vom Mittelstreifen der Autobahn retten mussten, weil sie das sperrige Ding nicht fest genug auf ihren Dachgepäckträger geschnürt hatten.

Noch häufiger enden Ikea-bedingte Transportprobleme aber so wie in der folgenden Beobachtung: Eine vierköpfige Familie tauchte in üblicher Ausstattung vor der Warenausgabe in der Ikea-Filiale München-Eching auf. Der Vater, die Mutter, der etwa zwölfjährige Sohn und die etwas jüngere Schwester balancierten jeder einen Hotdog mit zu vielen Röstzwiebeln darauf in der Hand. Dazu hatten sie sich jeder einen Pappbecher geholt, den sie immer wieder an der Softdrink-Tankstelle gleich neben dem Schwedenshop auffüllten. Der Vater meckerte, wenn die Kinder wieder verschwanden, um noch mehr Cola zu trinken. Schließlich könnte das bestellte Mobiliar gleich aus dem Lager geliefert werden, und dann wolle er wirklich nicht erst die Kinder zusammensammeln müssen, dann solle alles zügig vonstattengehen. Die Familie unterhielt sich in aufdringlicher Lautstärke.

Als ihre Abholnummer auf dem Display erschien und die Mitarbeiter die Ware nach vorne schoben, war klar, dass von nun an nichts mehr zügig vorangehen würde. Die viele Cola hatte die Tochter gerade aufs Klo gezwungen, von dem der Sohn eben erst wiedergekommen war. Die Einkäufe der Familie verteilten sich auf mehrere Einkaufswagen. Für diesen Berg aus flachen Kartons war ein mittlerer Kiefernwald gefallen und mindestens ein sogenannter Schnellkredit in möglicherweise genickbrecherischer Höhe fällig gewesen. Die Familie wandte all ihre Kraft auf, um die schwerbepackten Einkaufswagen in Richtung Parkplatz zu schieben.

Dort standen sie nach einer ganzen Weile noch immer, und zwar ziemlich ratlos, um ihr Auto herum. Dieses war sogar gar nicht mal so klein, ein Kombi deutscher Herstellung. Das Nummernschild wies darauf hin, dass die noch nicht ganz glücklichen Neubesitzer einer potenziell kompletten Ikea-Einrichtung noch bis nach Niederbayern fahren mussten, um dort die Möbel möglichst zügig aufzubauen. München-Eching hat sich den Beinamen »München«

nicht wirklich verdient. Läge es nur ein paar Kilometer weiter nördlich, könnte man es genauso gut auch Ingolstadt-Eching nennen. Trotz der Ikea-typischen guten infrastrukturellen Anbindung Echings sind es noch mindestens hundert Kilometer bis nach Niederbayern.

Aus den Waren, die sich bereits im Wagen der Familie befanden, sowie den Familienmitgliedern, die sich noch nicht im Wagen befanden, war zu schließen, dass es hier ein Problem gab. Der Vater – jetzt ganz der passionierte Problemlöser, der besser nicht mehr anzusprechen war – stopfte gefährlich stumm Pakete an verschiedene Stellen des Autos. Es war ein wutentbrannter Vorgeschmack auf das, was da noch kommen würde, wenn der Mann erst mal den Inbusschlüssel in der Hand halten würde. Trotz Kraft, trotz Geschicks und trotz des Mutes der Verzweiflung war dann rasch klar: Hier lag eine Entweder-oder-Situation vor, wie sie regelmäßig auf Parkplätzen vor Ikea-Filialen auftritt. Entweder würde man jetzt alle Einkäufe nach Hause fahren, oder man würde sich dafür entscheiden, sämtliche Familienmitglieder ins Auto einsteigen zu lassen. Beides auf einmal war nicht möglich.

Der Vater zögerte nicht lang. Er stopfte das letzte Paket in seinen Kombi und unterrichtete seinen Sohn darüber, was es heiße, für die Familie ein Opfer zu bringen. Der etwa Zwölfjährige sah sehr verloren aus, wie er unter dem großen Lachsschnitten-Reklameschild stand und hoffte, dass es nicht allzu lange dauern würde, bis die Familie nach Niederbayern fahren und zu ihm zurückkehren würde.

Eine Hoffnung, die auch Waltrude hatte, eine Bekannte über zwei Ecken. Sie und ihr Mann begleiteten ihren Sohn Frank an einem Samstag zu Ikea. Der Nachwuchs kam mit seinem Golf, die Eltern fuhren mit einem Kombi zum Möbelhaus. Später wollten sie noch zu einem Faschingsfest in einer Stadt, die mehrere hundert Kilometer entfernt war. Frank hatte zwar nur ein Einzimmerappartement einzurichten, kaufte aber trotzdem eine Eckcouch, die sich zu einem Gästebett umfunktionieren ließ, mehrere Regale und zwei Schränke. Dass man diese Menge Möbel kaum auf die zwei Autos würde verteilen können, ahnte Waltrude schon während des Einkaufs. Waltrudes Mann und ihr Sohn fuhren mit zwei vollgepackten Autos los in die Innenstadt. Sie selbst blieb mit den Möbeln zurück, die beim besten Willen nicht mehr ins Auto gepasst hatten.

Waltrude stand an diesem Samstag im Februar neben einem kleinen Haufen brauner Kartons und sah zu, wie sich der Parkplatz vor dem Möbelhaus langsam leerte. Es werde sicher nicht lang dauern, die Sachen in die Wohnung des Sohnes zu fahren, hatte ihr Mann noch gesagt und dabei versucht, sich die aufkeimende Hektik nicht anmerken zu lassen. Es wurde kalt, der Parkplatz war nun leer bis auf ein paar Jungs, die mit ihren Fahrrädern ihre Runden drehten. Waltrude fror, ein Wachmann kam, um ihr Hilfe anzubieten. Sie rief ihren Mann auf dem Handy an, der stand in der Großstadt im Stau. Wie lange es noch dauern würde, könne er nicht sagen. Es war schon später Abend, als Waltrude bei den Gastgebern des Faschingsfests anrief und absagte. Erst nach mehreren Stunden kehrten ihr Mann und ihr Sohn aus dem Stau zurück. Der Einkaufswagen war mal wieder größer gewesen als der Kofferraum.

Transportprobleme münden nicht zwangsläufig in langes und einsames Warten, sie können auch die Bewältigung langer Strecken nach sich ziehen, wie bei Susanne und ihrem Mann. Das Paar wohnt in Schleswig-Holstein. So ziemlich in der Mitte. Die Ikea-Marketingabteilung würde sagen: Susanne und ihr Mann wohnen zwischen Schweden, denn zum Ikea-Markt in Kiel sind es etwa achtzig Kilometer, zur Niederlassung in Hamburg-Schnelsen sind es hundert Kilometer. Um ihren japanisch angehauchten Schrank zu kaufen, sind Susanne und ihr Mann also kreuz und quer durch Schweden gefahren. Nüchtern ausgedrückt, waren es weit über fünfhundert Kilometer, die das Paar zurücklegte, bis der Schrank endlich in ihrem Schlafzimmer stand.

In das Möbelstück hatten sich die beiden schon verliebt, als sie es im Katalog gesehen hatten. Die Variante, die sie kaufen wollten, bestand aus vier einzelnen Schränken. Das war eine Menge Holz und gleichzeitig »der teuerste Schrank, den Ikea damals hatte«, sagt Susanne. Nicht einmal die schnippische Verkäuferin in der Kieler Ikea-Niederlassung und die Tatsache, dass sie den Schrank erst bestellen mussten, brachte sie von ihrem Kauf ab. Das Möbel wurde bestellt, die beiden fuhren zurück nach Hause (hundertsechzig Kilometer).

Einige Tage vor dem Liefertermin wollte sich Susanne vergewissern, ob der Schrank wirklich kommen würde. Nach langer Zeit in der Warteschleife sagte ein Mitarbeiter, dass schon alles klappen werde und der Schrank pünktlich da sei.

Einen Tag nach dem versprochenen Liefertermin rief

Ikea von sich aus an: Es täte ihnen aufrichtig leid, aber der Schrank sei nun doch leider nicht lieferbar, und wann das Möbel wieder auf Lager sei, sei leider ungewiss. Aber keine Sorge, irgendwann käme er schon, nur das mit der Querstange, an der die Bügel aufgehängt werden, da könne man schon sicher sagen, dass die Wünsche der werten Kunden unerfüllbar bleiben würden. Susanne und ihr Mann wollten keine Querstange aus Holz, denn die war bei ihrem Ikea-Vorgängerschrank schnell kaputtgegangen. Aber es gebe auch eine Variante aus Metall, hieß es in Kiel. Nun am Telefon erklärte der Mitarbeiter, dass es diese Stangen in der Hamburger Filiale gebe. Susanne und ihr Mann machten sich auf den Weg. Hundert Kilometer hin und hundert zurück – vergebens, denn in Hamburg gab es auch nur die Stangen aus Holz.

Nun hatten beide genug und brachen auf nach Kiel, um den Schrank dort vor Ort und nicht in einem Callcenter abzubestellen. »Dort wussten sie von nichts«, sagt Susanne. Weder, dass der Schrank bestellt war, noch dass man den Kunden gesagt hatte, dass der Schrank nicht lieferbar sei. Dafür nun eine neue Variante: Man habe Glück, strahlte die Ikea-Mitarbeiterin das verzweifelte Paar an, der gewünschte Schrank sei doch auf Lager, und zwar hier direkt im Kieler Haus. Die Sache habe allerdings einen Haken, es gebe hier gerade nur noch einen einzigen dieser Schränke, und deshalb müsse man sich jetzt sehr schnell entscheiden: kaufen und sofort mitnehmen oder eine sehr lange Wartezeit in Kauf nehmen. Susanne und ihr Mann entschieden sich also schnell und schritten zum Kauf. Ikea habe schließlich einen Lieferservice, da ginge schon alles reibungslos, unterstützte die Verkäuferin die Entscheidung.

Das war zwar korrekt, jedoch nur auf dem Papier: Sämtliche Lieferwagen, die für die Kunden der Kieler Filiale vorgesehen sind, waren ausgebucht oder bereits auf Tour. Nach viel Verzweiflung und einem mittleren Wutausbruch ließ sich doch irgendwie ein Lastwagen samt Fahrer auftreiben. Der Schrank wurde verladen, der kleine Konvoi verließ den Parkplatz: Vorneweg fuhr der Lkw, Susanne und ihr Mann im Auto hinterher. Nach einer Weile, sie waren schon auf der Autobahn, merkten die frischgebackenen Schrankbesitzer, dass die Heckklappe des Lkws nicht geschlossen war und ein großes Stück Schrank in Karton drohte, von der Ladefläche zu rutschen.

Susanne überholte den Lkw, und gemeinsam versuchten sie dem Fahrer zu signalisieren, doch bei der nächsten Gelegenheit anzuhalten. »Das war ganz schön schwer und hat gedauert«, erinnert sich Susanne. Auch dieses Problem ließ sich lösen, nun fuhr das Paar voraus, der Lkw-Fahrer sollte folgen. Auf der Autobahn tat er das vorbildlich. Als Susanne schließlich an ihrer Ausfahrt, die auch dem Lkw-Fahrer bekannt war, von der Autobahn abfuhr, reiste der nun sicher verstaute Schrank weiter in Richtung Süden, also in Richtung der Hamburger Ikea-Filiale. Sie mussten umdrehen und die Verfolgung aufnehmen, allerdings vergeblich. Nach einer halben Stunde Fahrt machten sie an einer Tankstelle Rast und riefen das Ikea-Callcenter an. Dort wusste man von nichts.

Resigniert fuhren sie nach Hause. Zu ihrer Überraschung stand der Lkw vor ihrer Einfahrt. Er habe seinen Fehler irgendwann bemerkt und sei umgedreht. Der Wohnort der Kunden sei ihm bekannt gewesen, sagte der Fahrer und zog an seiner Zigarette, dann habe er sich vor Ort durchgefragt. Susanne war zu erschöpft, um die investigative Leistung des Fahrers mit dem nötigen Zynismus zu kommentieren. Gemeinsam wurden die flachen Pakete ins Schlafzimmer getragen. Den Aufbau des Monstermöbels wollten die beiden lieber gleich Profis überlassen. Wieder das Ikea-Callcenter angerufen. Die versprachen, für den Tag darauf, Profis zu schicken: ein Handwerksmeister sowie ein Handwerksgeselle. Gemeinsam brauchten sie achtzehn Stunden, um den schönen Schrank aufzubauen. Doch die Geschichte ist noch nicht zu Ende.

Seinen japanischen Charakter erhielt das Stück durch gemusterte Leisten, die selbst aufzukleben waren – eine fisselige Arbeit. Und: Es waren nicht genug Leisten in den Paketen. Callcenter. Das von Ikea. Oh, das sei ja ein unangenehmes Versehen, sagte die Mitarbeiterin, aber Moment, ja, in der Hamburger Filiale könne man zusätzliche Leisten erwerben. Susanne und ihr Mann setzten sich ins Auto. Hundert Kilometer hin. Hundert Kilometer zurück. Dann Leisten angeklebt. Fertig.

Seitdem besitzt das Paar den Schrank. Und eine gute Handvoll Ikea-Essensgutscheine für je ein Hauptgericht, die man ihnen als Entschädigung in die Hand gedrückt hatte. »Wir waren seitdem nicht mehr bei Ikea«, sagt Susanne. Das sei wohl auch nicht mehr nötig. Denn umziehen würden sie in diesem Leben sowieso nicht mehr, die Wahrscheinlichkeit sei also hoch, dass der Schrank noch einige Jahre halten werde. Außerdem benutze man das Möbelstück kaum. »Da ist alles so ordentlich drin, deshalb rühren wir das lieber nicht an.«

Hat Ikea eine Schraube locker?

Qualität liegt in der Familie

Eben kommt der Ikea-Familiy-Newsletter per E-Mail ins Haus. Es gibt ein Qualitätsproblem. Bei Ikea. Der sogenannte »AUSSERGEwohnLICHE DIENSTAG« muss wohl flachfallen. Das ist schade, denn das heißt, dass es an dem betreffenden Dienstag kein Super-Sonder-Angebot für Inhaber der Ikea-Family-Card (die Freundin und mich) geben wird.

Wer den AUSSERGEwohnLICHEN DIENSTAG noch nicht erlebt hat, dem soll die folgende kurze Erläuterung helfen: An diesen Dienstagen geht es bei Ikea zu wie etwa an ganz besonders gut besuchten Samstagen. Der einzige Unterschied ist, dass alle Kunden das gleiche Produkt durch den Laden tragen, es in ihrem Einkaufswagen herumschieben, die Angestellten nach diesem Produkt fragen oder andere Kunden von der Palette wegschubsen, auf der die letzte verfügbare Einheit dieses Super-Sonder-Angebots liegt. Auf jeden Fall lässt sich trotz erheblichen Kundenaufkommens leicht erkennen, welches das Angebot des Aktionstags ist.

An diesem Super-Dienstag sollte *Brattby* günstig verkauft werden. Das ging aber nicht, weil das Spielhaus für Kinder »nicht ganz unseren Qualitätsanforderungen entspricht und die mitgelieferten Schrauben nicht die nötige Sicherheit gewährleisten«, wie Ikea die Qualitätsmängel ihres Angebots fröhlich einräumte. Ebenso offensiv informierte Ikea seine Kunden im März und April 2008 über Schwierigkeiten mit dem Kinderhochstuhl *Gulliver*. Auf großen Plakaten in der Möbelausstellung hieß es, dass Probleme mit der sogenannten Schrittstütze aufgetaucht seien und deshalb nicht mit absoluter Sicherheit gewährleistet werden könne, dass das Kind sicher im Stuhl sitzen bleibe. Nun gehört es zur Ikea-Folklore, sich über Qualitätsmängel der Produkte lustig zu machen. Im Falle der mangelhaften Schrauben des Spielhauses *Brattby* denkt man sich noch, dass die Kunden froh sein sollten, wenn Ikea überhaupt genug Schrauben beilegt. Dann aber stellt sich Rührung ein, darüber, dass das Möbelhaus sich so öffentlich Asche auf das Firmenhaupt streut und offensiv Fehler eingesteht. Natürlich nur zum Wohle unserer Sicherheit.

Die Qualitätsproblematik ist nicht neu. Seit es Ikea gibt, kämpft das Unternehmen immer mal wieder damit und hat sich auch auf diesem Gebiet einen legendären Ruf erarbeitet. Unter Juristen hat sich gar der scherzhafte Begriff »Ikea-Klausel« etabliert. Dieser bezieht sich auf § 434 II des Bürgerlichen Gesetzbuches, in dem geregelt ist, dass die fehlerhafte Montage durch den Verkäufer einer Ware einen Mangel darstellt. Seit 2002 wurde diese Regelung erweitert. Seither liegt auch dann ein Sachmangel vor, wenn die Montageanleitung, die zu einem Produkt mitgeliefert wird, nichts taugt – die Ikea-Klausel.

Bei den Kunden hat sich über die Jahrzehnte der Reflex verbreitet, beim Erwerb von Ikea-Möbeln Mängel fest einzuplanen – ob das nun fehlende Schrauben sind oder die Aufbauanleitung mit putzigen Strichmännchen, die nur insofern mit der Realität zu tun haben, als die Figuren auf manchen Bildern ebenso ratlos dreinblicken wie man selbst.

Gelegentliche Probleme mit der Güte mancher Waren kann Ikea nicht exklusiv für sich beanspruchen. Vielen anderen Firmen geht dies genauso. Doch niemandem außer Ikea ist es gelungen, diesen Umstand zu einem Vorteil zu verwandeln. So werden die vielen stereotypen Unterhaltungen über Ikea-Einkäufe stets mit dem Einschub versehen, bei diesem oder jenem Produkt oder Möbelstück habe es wirklich nichts zu bemängeln gegeben, sogar der Schraubensatz sei vollständig mitgeliefert worden, und am Design gebe es ja sowieso nichts zu meckern.

Wir empfinden Ikea als unentrinnbar, wie einen etwas peinlichen Onkel, der aber zur Familie gehört und dem gegenüber wir loyal sind. Niemand kann sich seine Familie aussuchen. Deshalb gleicht jeder Besuch einer Rechtfertigung, dass die Möbel, die wir mit nach Hause nehmen, doch nicht so schlecht sind, wie so oft gesagt wird. Und wenn doch, na ja, gemeinsam darüber zu scherzen, das machen wir sowieso – das verbindet, mit Ikea, mit anderen Menschen, mit den Möbeln. Wir lieben die Waren der Schweden, gerade weil wir sie als so fehlbar empfinden. »Kundenzufriedenheit beinhaltet eine enorme Gefühlskomponente«, sagt der Sozialpsychologe Hans-Werner Bierhoff.

Ikea gelingt es mit bullerbühafter Leichtigkeit, über die

eigenen Mängel mitzulachen – da können wir den Schweden doch gar nicht übelnehmen, wenn ein Regal mal auseinanderfällt. Ein wenig verklausuliert hat Unternehmensgründer Ingvar Kamprad das wacklige Möbel sogar quasi zum Prinzip ernannt. In *Das Testament eines Möbelhändlers* verlangte er, dass Ikea-Möbel zwar auch von einer gewissen Dauerhaftigkeit sein sollten, aber auf keinen Fall aufwendiger hergestellt werden dürften, als es ihrem praktischen Nutzen entspreche. Die tatsächlichen Anforderungen an ein Möbelstück sollten die Qualität festlegen, nicht aber extreme Anforderungen – was auch immer diese sein mögen. Kamprad ging noch weiter: Zu hohe Qualität schade nämlich dem Kunden, verkündete der schwedische Kiefernholzbaron, »weil sie sinnlos mehr kostet«. Damit hat der Möbelfuchs die Kunden wieder einmal dort gepackt, wo sie stets zu kriegen sind – am Preis. Denn Kamprad schrieb doch nichts anderes als: »Lieber Kunde, hör auf zu meckern. Wenn du bessere Möbel willst, dann bezahl in Gottes Namen auch mehr Geld dafür.« Da nicken wir lieber, kaufen Kiefernholz in Antiklook gebeizt, abgerundet mit einer Hartfaserplatte, und sagen anschließend zu unseren Nachbarn mit dem mitleidigen Blick: »*Leksvik* war so günstig.« Das ist der Preis, den wir für all die Sparmaßnahmen zahlen müssen, mit denen es Ikea gelingt, die Kosten für viele Möbel so niedrig zu halten.

Den Småländern wird nachgesagt, sie seien besonders sparsam, sogar fast geizig. Einer schwedischen Sage zufolge war Gott, als er die Erde zusammenbaute, bereits der Boden ausgegangen, als er Småland fertigstellen sollte. Wahrscheinlich war nicht genug mitgeliefert worden. Also nahm er die letzten Staubkörner, die in seinem Baukasten verblieben waren, und formte damit die karge Landschaft im Süden Schwedens.

Sicher kennt Kamprad diese Geschichte aus seiner Heimat. Vielleicht hat er sie sich derart zu Herzen genommen, dass heute eine moderne Variante wie folgt lauten könnte: Als der sparsame Chef eines riesigen Unternehmens seine kargen Möbel schaffen ließ, war den Herstellern längst das Holz ausgegangen. So pressten sie die letzten Späne zu Platten und tackerten sie zu Tischen, Stühlen und Schränken zusammen. Sie verwerteten sämtliche Reste, die in Werkstätten zurückblieben, sie fügten Verschnitt zu billigen Produkten, kauften alte Einkaufswagen und ließen sie zu Möbelstücken umbasteln. Das alles war günstig, hatte seine Macken, aber die Kunden liebten es.

Ein wirkliches Problem waren Qualitätsmängel eher in den Anfangsjahren des Versandmöbelhändlers Ingvar Kamprad. Damals beschwerten sich zum Beispiel viele seiner Kunden, dass die Möbel während des Transports beschädigt worden waren. Auch in den ersten Jahren nach 1974, als Ikea begann, Deutschland zu erobern, waren etliche Möbel von geringer Qualität.

Heute sind viele Ikea-Waren besser geworden. In manchen Tests schlagen die Produkte der Schweden sogar wesentlich teurere Artikel der Konkurrenz – zum Beispiel Energiesparlampen oder Matratzen. Und wenn dann doch mal etwas schiefgeht, wie beim Spielhaus *Brattby* oder dem Kinderstuhl *Gulliver*, dann verkündet Ikea offensiv, dass man Fehler gemacht habe und die Ware zurückziehe, weil doch die Sicherheit der Kunden das Allerwichtigste überhaupt sei.

Und wir? Wir sind gerührt und kaufen weiter ein. Eine perfekte Strategie, die quasi als Elchtaktik Schule gemacht hat. Als Mercedes in den neunziger Jahren seine A-Klasse vor der Markteinführung testen ließ, scheiterte der kleine Benz beim sogenannten Elchtest in Schweden. Dort treten die imposanten Hirsche oft unvermittelt aus dem Wald auf die Straße. Das Zusammentreffen von Elch und Auto endet meist für beide Seiten tragisch. Da nicht nur in Schweden Wild auf die Straßen springt, sollten Autos so konstruiert sein, dass sie bei plötzlichen Ausweichmanövern bei hoher Geschwindigkeit nicht umkippen. Die Mercedes-A-Klasse war nicht so konstruiert und fiel um. Mercedes ließ sich sehr kurz auf die sonst übliche Abwehrtaktik großer Unternehmen ein, indem die Aussagekraft des Tests bezweifelt wurde. Dann schwenkte der Autobauer auf einen anderen Kurs. Mercedes streute sich Asche auf das schwäbische Haupt und ließ die Kunden wissen, dass das Unternehmen einen Fehler gemacht habe, der nun selbstverständlich gewissenhaft behoben werde. Dazu werde man sehr viel Geld ausgeben, was natürlich zum Wohle des Kunden geschehe. Die Strategie war erfolgreich, die Marke Mercedes sei schließlich nicht beschädigt, sondern sogar gestärkt aus dem ganzen Elch-Schlamassel hervorgegangen, erklärte Karen Heumann, Chefstrategin der angesehenen Hamburger Werbeagentur Jung von Matt in einem Beitrag in der *Süddeutschen Zeitung*.

Was sie unerwähnt ließ: dass Ikea diese Strategie besser beherrscht als jede andere Firma. Das »Teflon-Unternehmen« wird Ikea manchmal auch genannt, weil die durchweg positiv besetzte Marke aus Schweden offenbar durch nichts Schaden zu nehmen vermag. Jede Kritik perlt an dem Unternehmen ab, das stets jene Fehler zugibt, die sich nicht leugnen lassen, und dann bereitwillig Besserung gelobt.

Ecken und Kanten

Ikea gibt sich nicht einmal Mühe, offensichtliche Probleme seiner Möbel zu verbergen. Wie das *Observatör*-Stützkreuz zum *Ivar*-Regal, gehört die kleine unfreiwillige Stufe zu jedem Ikea-Möbel, das Türen hat. Daran, dass die beiden Türen eines Schranks oder Küchenschranks in der Mitte niemals bündig abschließen, lässt sich jedes auch noch so gutgetarnte schwedische Möbelstück erkennen. Meine Schwägerin in spe und ihr Mann haben in ihrem Wohnzimmer einen CD-Schrank in Retro-Optik stehen. Dunkles Holz beziehungsweise dunkles Holzfurnier, in der Mitte der beiden Türflügel befindet sich ein kreisförmiges Fenster, das die Sicht auf CDs freigibt. Das Ganze steht auf dürren Beinchen, die eher unter einen Fünfziger-Jahre-Nierentisch passen.

Der Schrank sieht trotzdem ziemlich schick aus, was auch daran liegen mag, dass Katja und Günther das Möbelstück noch etwas aufgetunt haben. Als ich es zum ersten Mal gesehen habe, musste ich einen Moment zögern, der Schrank sah nicht so aus, als stamme er aus dem Ikea-Sortiment. Als mein Blick dann auf die kleine Stufe am oberen Ende der beiden Schranktüren fiel, musste ich mein erstes Urteil revidieren, das Schränkchen hatte sich verraten.

Die Stufe ist ein universelles Erkennungsmerkmal, mit dem Möbelstücke in Wohnungen weltweit auf ihre Herkunft aufmerksam machen. Der Stilredakteur der *New York Times*, John Leland, berichtet in einem Beitrag befremdet über die Ikea-Design-Zenrale im schwedischen Älmhult. Die vielen Furniermöbel dort hatten alle Macken. Kein Paar Schranktüren habe dort bündig abgeschlossen. In einem Konferenzraum fand er vier angestoßene Stühle namens *Effektiv*, die um einen Tisch herumstanden, dessen Verbindungen wackelten und dessen vier Ecken jeweils unterschiedlich hoch waren. Auch in den Möbelausstellungen der Ikea-Häuser gelingt es den Mitarbeitern oft nicht, Schranktüren so zu montieren, dass sie bündig abschließen – das beweist ein Rundgang durch jeden Ikea-Markt. Die Stufe gehört dazu, zur *Faktum/Nexus*-Birke-Küche, in der Möbelausstellung ebenso wie zu den zwei *Linnarp*-Bücherregalen mit Vitrinentüren (Kiefer massiv, rot gestrichen, 249 Euro das Stück), die auf der Titelseite des Ikea-Katalogs 2008 abgebildet sind. Die Stufe gehört dazu, und niemand kann Ikea vorwerfen, das zu verheimlichen – es ist sogar auf der Titelseite des Katalogs zu sehen. »Die Kosteneinsparungen haben eben ihren Preis«, resümiert John Leland von der *New York Times*.

Aufbauhilfe in Fernost

Für Roland war der Preis für Ikeas kostensparende Produktionsform besonders hoch. Roland ist Geschäftsführer einer Firma, die Gebäudetechnik herstellt. Mitte der achtziger Jahre beschloss das Unternehmen, dass China der Markt der Zukunft sei und auch in chinesischen Gebäuden bald Technik aus Baden-Württemberg stecken sollte. Der wirtschaftliche Aufbruch ins Reich der riesigen Mauer sollte über eine Industriemesse in einem Millionenstädtchen nahe Kanton beginnen. Den Messestand mussten die Badener selbst nach China bringen und dort aufbauen. Waren, Broschüren und Präsentationsmobiliar wurden in Container verpackt und verschifft. Ebenso vier Sessel, auf die sich die Kunden setzen und wohl fühlen sollten, auf dass sie eifrig einkauften. Die Sessel besorgte Roland bei Ikea in Freiburg. Die Sitzgelegenheiten sollten nicht allzu teuer sein, denn es war klar, dass die Sessel nicht wieder nach Deutschland zurückgeschifft werden würden. Das war zu kostspielig. Und Ikea verspricht seinen Kunden doch »Lösungen, die gut sind fürs Geschäft«.

Die Messehalle in China war stickig und bullenheiß. Die feuchte Luft stand im Raum, Roland und seine Kollegen waren binnen Minuten klitschnass geschwitzt. Am Nachbarstand verkauften Mitarbeiter der BASF Dämmmaterial für die Wärmeisolierung von Häusern und verfolgten gespannt das Geschehen nebenan. Nach ein paar Stunden hatten Roland und seine Kollegen den Messestand aufgebaut. Was jetzt noch fehlte, waren die Sitzgelegenheiten. Roland riss die Verpackungen auf. Der Aufbau sollte rasch erledigt sein, die Sessel bestanden aus simplen Steckverbindungen. Die Metallrohre sollten sich einfach zusammenfügen lassen. Lediglich die dünneren Enden in die etwas breiteren Öffnungen stecken und aus. Allerdings gab es keine dünneren oder dickeren Öffnungen, sämtliche Enden der Metallrohre waren gleich groß. Es war unmöglich, die Rohre zu einem Sessel zusammenzustecken. Der Hersteller hatte offensichtlich geschlampt.

Es war noch ein Tag hin, bis die Messe eröffnet wurde.

Roland wollte die Zeit eigentlich dafür nutzen, sich auf die Kundengespräche vorzubereiten und sich die fremde Stadt etwas anzusehen. Stattdessen tigerte er nun durch die Messehalle und suchte nach Werkzeug. Es dauerte ein, zwei Stunden, bis er erfolgreich war. Am Stand einer amerikanischen Firma lieh man ihm eine Feile. Mit dieser bearbeitete er einen dreiviertel Tag lang die Metallrohre seiner Ikea-Sessel, bis sich die Dinger endlich zusammenstecken ließen. Einen Ikea-Markt betrat er erst wieder, als seine Tochter fast zwanzig Jahre später für ihr Studium nach Gießen zog und ihr Zimmer einrichten musste.

Qualität als Verhandlungsmasse

Max ist der einzige Mensch, den ich kenne, der die Legende schlechter Ikea-Produkte zu einem Vorteil für sich münzen konnte. Ende der neunziger Jahre kaufte sich Max eine Einzimmerwohnung in München. Er war zwar Student, hatte aber etwas Geld zusammen, und zu mieten kam nicht in Frage. Lieber Raten abzahlen und die Wohnung irgendwann wieder verkaufen, dachte sich Max. Er ist in solchen Angelegenheiten ein nüchterner Rechner. Nach einigen enttäuschenden Besichtigungsterminen hatte Max eine Wohnung gefunden, die es sein sollte. Der Englische Garten war nicht weit, was dem Ausdauersportler sehr gelegen kam. Der Verkäufer und der sportliche Student waren sich bald über die grundsätzlichen Bedingungen einig. Nur der genaue Preis sollte noch verhandelt werden.

Max und der Verkäufer trafen sich abermals in der Wohnung. Man sprach nur kurz Belangloses und kam bald zum

Punkt. Beide Männer standen im Wohnzimmer vor dem Fenster zum Balkon, auf dem ein Haufen Sperrmüll vor sich hin rottete. Dazu gehörten zwei weiße Türen, die eigentlich einmal den Flur von der Küche und auf der anderen Seite vom Wohnzimmer abgetrennt hatten. Da der besagte Flur aber höchstens Legehennenkäfiggröße hatte, waren die beiden Türen nicht nur überflüssig, sondern sogar störend. Neben den beiden bemoosten Türen stand ein alter Ikea-Schrank auf dem Balkon: *Pax* war wohl mal weiß gewesen und sah recht traurig aus.

Die Verhandlungen kreisten bald um den Sperrmüll auf dem Balkon. Max wollte kaufen, das war klar. Der Verkäufer war bereit, im Preis etwas nachzulassen, das war auch klar. Was dem Studenten aber besonders auffiel, war, dass der Verkäufer offensichtlich keine Lust hatte, den Sperrmüll auf dem Balkon zu entsorgen. Max wies mehrmals darauf hin, dass dies aber noch zu geschehen habe, was ja wirklich eine unangenehme Aufgabe werden würde. Die Türen, die schmierigen Dinger aus aufgequollenem Pressspan, die wolle wohl niemand in sein Auto laden, um sie zum Wertstoffhof zu fahren. Und der Ikea-Schrank, *Pax*, das wisse jeder, der schon einmal bei den Schweden Möbel gekauft hat, sei doch der einfachste Schrank, der bei Ikea zu haben sei. Mindere Qualität, ganz sicher, und was außerdem noch sicher sei: dass *Pax* auseinanderfallen werde, wenn man nur versuche, ihn in Richtung Wohnzimmer, geschweige denn in Richtung Auto und Wertstoffhof zu bewegen.

Der Verkäufer ließ sich von den Horrorszenarien, die da im unmöblierten Wohnzimmer ausgebreitet wurden, beeindrucken und ging im Preis in einem Maße nach unten, dass auch der recht sparsame Max sehr zufrieden war. Einzige Bedingung: Max müsse den Kram auf dem Balkon selbst entsorgen.

Die beiden Türen rochen modrig, als Max mit ihnen zum Wertstoffhof fuhr. Sie hinterließen seltsame Spuren im Kofferraum seines Kombis. Den Ikea-Schrank räumte Max dagegen ins Wohnzimmer. *Pax* musste nur einmal ordentlich abgewischt werden. Mehr eigentlich nicht. Der Schrank hielt die nächsten fünf Jahre einwandfrei. Nur weil stillschweigende Übereinstimmung zwischen den beiden Männern herrschte, dass Möbel von Ikea sowieso nichts taugen würden, schon gar nicht, wenn man sie über längere Zeit auf Balkonen lagert, hatte Max beim Wohnungskauf mehr Geld gespart, als er jemals bei Ikea ausgegeben hat.

Die Ikea-DIN-Norm

Dieselben Möglichkeiten für alle

Schweden ist zum Fabrikanten des Weltgeschmacks geworden. Der Journalist Andreas Bernard stellte im Magazin der *Süddeutschen Zeitung* fest: »Der Prozess der Globalisierung scheint auf der Ebene des Designs ein Prozess der Skandinavisierung zu sein. Je einheitlicher sie wird, desto schwedischer sieht sie aus.« Die Verskandinavisierung der Welt fiel auch dem amerikanischen Autor Eric T. Hansen in seinem Buch *Planet Germany. Eine Expedition in die Heimat des Hawaii-Toasts* auf: »Während Deutschland sich über Amerika aufregt, wird es aus dem Hinterhalt hartnäckig von einem völlig unverdächtigen Land bedrängt, das in aller Stille sein Unheil anrichten kann. Ich spreche natürlich von Schweden.« Sozialstaat, Hennig Mankell, Abba, Pipi Langstrumpf, H&M und natürlich Ikea.

Wir bleiben auf unserem *Stockholm*-Sofa, blicken auf unseren *Stockholm*-Couchtisch und fragen uns: Müssen wir das verwerflich finden? Und viel wichtiger: Wie kann das möglich sein, diese dramatische Skandinavisierung des Geschmacks? Die Antwort hat Ikea-Chef Anders Dahlvig freimütig in diversen Interviews verraten: Der Ikea-Stil passe sich nicht nationalen Märkten an. Andersherum werde ein Möbel daraus: Die nationalen Märkte hätten sich dem Ikea-Stil anzupassen und zu unterwerfen. Das klingt kalt, imperialistisch, nach einer Wikingerarmee auf Eroberungszug. Doch ein paar winzige Konzessionen musste auch Ikea machen.

In Deutschland haben die Schweden besonders viele Schuhschränke im Sortiment, denn der Besitz eines Aufbewahrungsbehältnisses fürs Schuhwerk scheint eine sehr deutsche Vorliebe zu sein. In China dagegen gibt es in den Filialen Essstäbchen, einen Wok und ein Hackbeil für die Küche. In Italien werden besonders große Schränke angeboten, und in Holland sind die Betten größer als anderswo.

Die eigentlichen Unterschiede bestehen eher zwischen Völkern, die erst am Anfang der Einrichtungsumerziehung stehen, und solchen, deren Leben und Denken bereits von Ikea durchdrungen ist. China hat der schwedische Konzern bisher nur einen sanften Stempel aufgedrückt. So kam es in den ersten Monaten nach Eröffnung der ersten Märkte im Land der aufstrebenden Supermacht noch zu einigen kulturell bedingten Missverständnissen. Bunte Brotkästen, die Ikea auch in China im Sortiment hatte, obwohl in Asien praktisch überhaupt kein Brot gegessen wird, hielten die chinesischen Kunden irrtümlich für Kopfkissen. Die Mitarbeiter aus dem Westen waren recht verdattert, als sie des Öfteren Kundschaft beobachteten, die sich beim Probeliegen auf den Betten die Holzkästen unter den Kopf schoben. Auch mit der schwedischen Lakritze wusste man in

China wenig anzufangen – ob man das schwarze Zeug zu Suppe verarbeiten könne, wurde häufig diskutiert.

Dass in den USA mittlerweile viele Waren in XXL zu haben sind, beruht auch auf einem, sagen wir, kulturellen Missverständnis der Anfänge. Das ist die Lehre aus dem ersten gescheiterten Versuch, in den achtziger Jahren auch den nordamerikanischen Kontinent zu erobern. Die Schweden hatten unterschätzt, dass viele Amerikaner eine Vorliebe für übergroße Sofas haben, dass die Esstische so dimensioniert sein müssen, dass darauf auch ein gigantischer Thanksgiving-Truthahn in Rindergröße Platz hat. Und auch die Trinkgläser, die Ikea in den achtziger Jahren in den USA anbot, waren der dortigen Klientel zu klein. Stattdessen wunderten sich die Schweden, dass sie in Amerika überdurchschnittlich viele Blumenvasen verkauften. Als die Ikea-Manager erfuhren, dass die Gefäße nicht für Blumen, sondern für Getränke verwendet wurden, wunderten sie sich nicht mehr. Dann verkauften sie eben größere Gläser.

Warum Ikea in den USA aber zu seinen Hotdogs keine Röstzwiebeln anbietet, muss wohl ein Rätsel bleiben. Mein Studienfreund Andreas, der seit mehreren Jahren in New York lebt, leidet sehr unter diesem Mangel. Schließlich pflegt er auch in der Ferne liebgewonnene Rituale und fährt mindestens dreimal im Jahr zu Ikea nach Elizabeth. Dort ist alles wie zu Hause bei seinen Stamm-Ikeas in München-Eching oder München-Brunnthal – der ganz normale Wahnsinn. Wären nur nicht die fehlenden Zwiebeln. In Amerika werde eher Sauerkraut in den Hotdog gepackt, sagt Andreas. Aber das bietet Ikea auch nicht an. Das ist wahrscheinlich gerade nicht lieferbar.

Lieferbar sind aber stets die gleichen genormten Möbel, die Ikea auf der ganzen Welt im Angebot hat – die große *Billy*-DIN-Norm. Was mich bei Ikea immer wieder beschleicht, ist das Gefühl, ich müsse mein Wohnzimmer mit anderen Menschen teilen. Zum Teil sind das Leute, mit denen ich nicht einmal fünf Minuten im Gastraum einer größeren Kneipe sitzen wollte. An der Kasse ist stets Stau, und nachdem ich den Einkauf mehrerer Großpackungen gelber 1,5-Volt-Alkaline-Batterien (made in Germany) abgeschlossen und anschließend den inneren Kampf, ob die grüne Fransendecke wirklich sein muss, verloren habe, kann ich mich nicht mehr weiter mit mir selbst und den Waren um mich herum beschäftigen.

Es bleibt stets genug Zeit, sich unter den anderen Mitgliedern der blaugelben Bewegung umzusehen. Aufgereiht stehen und warten Menschen, die vertraut erscheinen, weil ihre Phänotypen sonst das Privatfernsehen bevölkern oder weil sie unter der Woche im Büro neben mir sitzen. Ein guter Prozentsatz schiebt Wagen, auf denen sie *Ivar*-Regalstücke balancieren und aus denen *Benno*-CD-Regale und *Leksvik*-Variationen ragen. Alles Möbelstücke, die auch zu Hause in meiner Wohnung stehen und die ich mit diesen vielen anderen Menschen nicht teilen will. Wenn ich ein Buch aus *Ivar* ziehe, will ich nicht an genervte fremde Paare oder quengelnde Kinder denken müssen. Das ist mein Wohnzimmer, haut endlich ab! Ach was, ich geh ja schon.

Nur wohin? Gegenüber in unserer Straße hat vor einigen Monaten ein Kleiderladen aufgemacht. Der Verkaufsraum ist klein und schlauchartig, und am Ende steht: der Raumteiler *Expedit*. Das ist ein Riesenregal aus fünfundzwanzig quadratischen Fächern. Die Größe dieser Fächer lässt nur eine sinnvolle Nutzung zu: *Expedit* ist eigentlich ein Plattenregal, ein Stauraum für Vinylplatten, diese Dinosaurier der Musikgeschichte, die die Einschläge der Meteoriten CD und MP3 nur in winzigen Populationen überlebt haben. Der Kleiderladen hat sein *Expedit* mit selbstentworfenen Klamotten befüllt.

Ich kenne *Expedit* gut. Die Freundin und ich standen auch schon viele Male davor und haben überlegt, welchen Raum wir damit teilen könnten. Zum Glück sind unsere Zimmer zu klein, um sie zu teilen.

Weiter die Straße hinunter hat eine Art Künstlerkollektiv seinen Laden. Auch hier werden liebevoll gestaltete Einzelstücke verkauft. Sie stehen in *Expedit*. Als die Freundin und ich neulich in Freiburg auf ein Fest eingeladen waren, teilte *Expedit* den Raum. Im Gästezimmer bei der Schwester der Freundin, da steht *Expedit*. Im Zimmer der ehemaligen Mitbewohnerin der jüngeren Schwester teilte *Expedit* den Raum. *Expedit*, *Expedit*, *Expedit*. Ich fühle mich sehr erleichtert, dass der Kopierladen ums Eck komplett mit *Gorm*-Regalen und *Gorm*-Boxen (massive Kiefer) eingerichtet ist, was für eine angenehme Abwechslung.

Gunther, mit dessen Band ich den Musikraum teile, hatte erst neulich ein ähnliches Erlebnis. Kurz vor seinem Urlaub besorgte er sich bei Ikea Geschirr aus der *365+*-Serie, dazu ein Nudelsieb und was sonst noch so mitkommt, wenn man nur mal schauen will. Als er dann in Portugal die Hängeschränke in der Küche seiner Ferienwohnung öffnete, fühlte sich Gunther gleich wie zu Hause. Dort stand Geschirr der *365+*-Serie, daneben sein Nudelsieb und ein paar andere Ikea-Küchenutensilien, die man eben so mitnimmt, wenn man nur mal schaut.

Besonders hoch ist die Wahrscheinlichkeit, die folgenden Ikea-Waren wieder und wieder zu treffen. Denn diese zählen zu den meistverkauften weltweit. Welches Möbel nun davon in der höchsten Stückzahl die Läden verlässt, das will Ikea nicht verraten. Aber man muss die Informationspolitik großer Unternehmen nicht verstehen. Die Top Ten der bekanntesten Mitbewohner (ohne Rangreihenfolge):

KLIPPAN	Sofa
EKTORP	Sofa
POÄNG	Sessel
BILLY	Regal
PAX/KOMPLEMENT	Schranksystem
SULTAN	Matratzen
FAKTUM/RATIONELL	Küche
IKEA 365+	Geschirrserie
MYSA/GOSA	Bettdecken und Kissen
EFFEKTIV/GALANT	Büroserie

Ikea ist überall. Wenn ich am frühen Abend den Fernseher anmache – idiotisch genug –, laufen Serien wie *Gute Zeiten, schlechte Zeiten*, *Verbotene Liebe* oder *Marienhof*. Ich kann keinen einzigen der Charaktere mit Namen benennen, dafür viele der Möbel. *Expedit* habe ich auch schon gesehen. Immerhin ist die schauspielerische Leistung des Raumteilers in diesem Kontext nicht weiter negativ aufgefallen. In der Lindenstraße wohnt auch der Beistelltisch *Lack*. Die Bewohner der deutschen Endlos-Soap essen von Ikea-

Tellern, sie trinken aus Ikea-Gläsern und haben nur den Vorteil, dass sie die Waren nicht selber aufbauen müssen. Manchmal sieht es in den Fernsehserien aus, als habe H&M eine Filiale in einem Ikea eröffnet.

Paradoxerweise verdankt das blaugelbe Möbelhaus seinen Aufstieg dem Individualisierungsangebot, das die Firma machte. In Deutschland gehen wir davon aus, dass in ganz Schweden ausschließlich putzige kleine rote Holzhäuser stehen. Das ist falsch. In den siebziger Jahren gab sich die schwedische Regierung große Mühe, ihr Land zumindest unter architektonisch-ästhetischen Gesichtspunkten in eine skandinavische DDR zu verwandeln. Der sozialdemokratische Wohlfahrtsstaat ließ Trabantenstädte aus Tausenden gesichtslosen Wohnsilos errichten. Es wurde nur versäumt, den neuen Vierteln auch den Namen Plattenbausiedlungen zu geben – alles andere war wie in Halle-Neustadt. Da in den sechziger und siebziger Jahren die Wohnungen in Schweden sehr knapp waren, zogen die Menschen trotzdem in die Schwedenplatte. Die Wohnungen in den großen Städten wurden in dieser Zeit von kommunalen Behörden verteilt – die Bürger mussten sich auf einer Warteliste eintragen und dann die Wohnung nehmen, die man ihnen zuwies.

Die Regierung sah den Wohnungsbau als Mittel, die Gesellschaft zu formen – Chancengleichheit sollte im schwedischen Volksheim schon damit beginnen, dass alle in den gleichen Wohnungen lebten. »Wir können nicht dulden, dass die Menschen ihre Unterschiede bewahren«, sagte der Leiter der Staatlichen Planungsabteilung Lennart Holm. Das war den Lebensumständen im Ostblock ziemlich ähnlich. Mit einem Unterschied: Die Menschen mussten nicht nur für Ikea produzieren wie etwa die Polen, sie konnten stattdessen auch dorthin gehen und einkaufen.

Die Menschen wollten aber nicht alle gleich sein und begannen ihr tristes Betoneinerlei im Inneren auszugestalten. Sie fuhren zu Ikea, denn dort gab es viel Wohnen für wenig Geld. Dass aber das Prinzip Ikea darin besteht, industriell gefertigte Möbel in so großer Stückzahl zu produzieren, dass man dafür sehr niedrige Stückpreise ansetzen kann, war in den siebziger Jahren in Schweden noch nicht so offensichtlich. Die Menschen wollten anderes, sie wollten individuell sein und aus der betonierten Einheitssoße herausstechen. Dass sie tatsächlich ihre Unterschiede nicht bewahren durften, das wurde ihnen erst Jahre später klar, als die Wohnungen nicht nur von außen, sondern auch von innen alle gleich aussahen.

Indem Ingvar Kamprad das Land verließ (mutmaßlich, um dem Geltungsbereich der schwedischen Steuersätze zu entkommen), brachte er der Welt die Möbelnorm seines Landes. Die ersten deutschen Kunden kamen, um sich von der als starr empfundenen Schrankwandwelt ihrer Eltern abzuwenden, die nächsten kamen, um die Kiefernholzhölle der 68er-Studenten (die auch von Ikea stammte) zu ersetzen. Dann kamen die Deko-Fetischisten und so weiter. Der Ikea-Kunde muss auf Individualität verzichten und kam doch stets auf der Suche nach ihr zu Ikea.

Das ist selbst in Ländern bereits ein Thema, in denen das Möbelhaus kein gelebtes Provisorium sein kann. Während Ikea im Westen vor allem deshalb beliebt ist, weil die Möbel günstig und zur Not schnell wieder zu entsorgen sind, gilt in China das Einrichtungsprinzip, das die Schweden in

Europa erst abgeschafft haben. Die Möbel sind für chinesische Verhältnisse so teuer, dass Ikea in dem Land eher eine Option für stabile Verhältnisse ist. Hier müssen *Billy*, *Klippan* und *Expedit* oft ein Leben lang abgezahlt werden. Auch deshalb ist es eine junge, wohlhabende und stilbewusste Elite, die dort einkauft. Ikea gilt als modern, als Rebellion gegen die bestehenden Verhältnisse. Ärgerlicherweise ist Ikea auch in China so erfolgreich, dass diese junge Elite nun überall die gleichen Schablonen entdeckt, denen sie doch durch einen Einrichtungsindividualismus entkommen wollte. Chinesische Intellektuelle haben dieser Erscheinung einen Namen gegeben: »Ikeanismus«. Es ist ein weltweites Phänomen, überall leben Ikeaner.

Ikea ist überall gleich, auch in Japan

Geschichten von Menschen, die am Aufbau eines Ikea-Möbels scheitern, erreichen uns nicht nur aus dem nächsten Bekanntenkreis. Derlei Erzählungen dringen sogar bis aus dem fernen Japan zu uns vor. In diesem Fall berichteten die Nachrichtenagenturen im Frühjahr 2008 vom Schicksal eines Mannes aus der Stadt Chiba nahe der japanischen Metropole Tokio. Besagter Mann hatte sich bei Ikea ein nicht näher genanntes Möbelstück gekauft, bei dessen Auf- und Zusammenbau er sich durch einen gebrochenen Bolzen am Auge verletzte. Das Unternehmen beschwichtigte. »Das ist der erste und einzige uns bekannte Unfall«, sagte die dortige Ikea-Sprecherin Yuki Kusama. Doch offenbar ließ sich das japanische Wirtschafts- und Handelsministerium davon nicht beruhigen. Vielleicht hatten wichtige Mitarbeiter, Entscheidungsträger gar, ihre Wohnungen ebenfalls mit Ikea-Möbeln eingerichtet und stellten sich deshalb instinktiv auf die Seite des verletzten Mannes. Jedenfalls erhielt das Möbelhaus eigenen Angaben zufolge eine schriftliche Aufforderung des Ministeriums, den Möbeln in Japan verständlichere Montageanleitungen beizulegen. Die Ikea-Sprecherin kündigte an, die Anleitungen, die wie in jedem anderen Land auch ausschließlich mit Zeichnungen und Illustrationen versehen sind, künftig mit schriftlichen Hinweisen und Erläuterungen zu ergänzen.

Dieser Vorgang darf als Beweis herhalten, dass Ikea selbst und der Umgang mit den Produkten des Unternehmens keine kulturellen Grenzen kennt. Die Montagebildchen samt Strichmännchen sehen auf der ganzen Welt gleich aus und werden auf der ganzen Welt schlecht oder gar nicht verstanden. Und auch der japanische Ikea-Kunde – in diesem Fall offenbar ein Mann – lässt sich davon nicht beirren und bastelt trotzdem an den Puzzlestücken herum, die ihm aus den braunen Kartons entgegenpurzeln. Dass dabei selten etwas Sinnvolles entsteht, liegt auf der Hand. Ein männlicher Ikea-Kunde würde das aber niemals zugeben und die Schuld reflexartig bei jemand anderem suchen: dem Partner, der Montageanleitung, dem Werkzeug etc. Der einzige Unterschied scheint zu sein, dass sich japanische Ministerien um die wirklichen Sorgen der Menschen kümmern: Ikea-Montageanleitungen. Das sollte Schule machen, schließlich ist Ikea doch auf der ganzen Welt gleich, oder?

Ein paar Größenabweichungen, Essstäbchen hier, Schuhschränke dort, fehlende Röstzwiebeln – mehr Unterschiede gibt es nicht. Ikea ist auf der ganzen Welt gleich. Überall hat das Unternehmen dieselben knapp zehntausend
Artikel im Sortiment. Doch es gibt nicht nur an jedem
Standort dasselbe, die Filialen sind auch immer nach dem-
selben Prinzip aufgebaut. Und überall, egal ob Walldorf
oder Moskau, zieht Ikea die blaugelbe Schwedenkarte.

Aber wie sieht es in Schweden selbst aus? Dort wäre
es doch ziemlich beknackt, ebenfalls auf ganz besonders
Schwedisch zu machen. Würde das hier funktionieren?
Das große deutschnationale Möbelhaus in Schwarzrotgold,
mit dem Sofa *Danzig* und der Kommode *Gretel?* Die Ei-
chenschrankwandhölle mancher Einrichtungshäuser lässt
einen zumindest daran zweifeln, dass so etwas bloße Phan-
tasie ist. Die netten Schweden machen so was sicher nicht,
in Schweden muss Ikea anders sein. Ich fuhr hin, um nach-
zusehen. Die Freundin und ihre jüngste Schwester kamen
mit – beide Ikea-Fans. Wäre doch schade, ihnen diese Gelegenheit zur Vergnügung vorzuenthalten.

Wie kommt man am besten nach Stockholm, um dort
einen Möbel-Discounter zu besuchen? Mit einem anderen
Discounter. Wir buchten einen Billigflug bei Ryan Air,
dem Ikea des Fliegereiwesens. In diesem Prinzip des Rei-
sens steckt eine ähnliche Menge Wahnsinn wie in einem
Großeinkauf bei Ikea. Man muss sich die Reise selber mühsam zusammenschrauben. Dabei geht nicht immer alles
glatt, denn selten schließen alle Reiseelemente bündig an-
einander an. Unser Flug ging von Basel-Mulhouse ab, dem

sogenannten Euro-Airport im Dreiländereck von Deutschland, Frankreich und der Schweiz. Das sind gute vierhundert Kilometer von München, die wir mit dem Auto zurücklegten und uns damit schönargumentierten, dass wir ja in Freiburg noch Familie besuchen würden.

Am Flughafen wurde mir dann klar, dass das Ticket für den Parkplatz teurer werden würde als das für den Flug. Auch die anderen Kosten sind nur mit wenig Mühe versteckt. Es kostet vor allem Nerven, mit Ryan Air zu fliegen. Die Linie gibt einem schon durch das Interieur ihrer Maschinen das Gefühl, in einem Ikea-Flugzeug zu fliegen. Die Sitze sind leicht abwaschbar, also aus einem Plastik-Kunstleder-Gemisch, und vor allem grellgelb mit blau – die Ikea-Farben.

Dass Ryan Air seinen Kunden keine Sitzplätze reserviert, komplettiert das Ikea-Samstagnachmittag-Gefühl. Die Fluggäste beginnen, sich weit über eine halbe Stunde bevor sie das Flugzeug betreten dürfen, um die besten Plätze in der Schlange zu balgen. Die wenigen Passagiere, die noch nicht von ihren Stühlen aufgesprungen sind, sitzen mit unsicheren Gesichtern in der Abfertigungslounge. Die Angst, etwas zu verpassen oder zu kurz zu kommen, steht ihnen ins Gesicht geschrieben. Bei etwa zweihundert Menschen in einer engen Wartezone stellt sich das Gefühl ein, als würde gleich Ingvar Kamprad auftauchen und den ersten zehn Fluggästen in der Schlange einen praktischen Apfelzerteiler und einen Gutschein für eine Portion *Köttbullar* schenken. Ich wünsche mir einen Fleischklopfer.

Man ist nervös. Der Flieger kommt, die Meute stürzt sich durch beide Eingänge in die Boeing und besetzt um die Wette Plätze. Familien werden zerrissen, Mütter stopfen Rucksäcke auf Dreierreihen und rufen nach ihren Männern und Kindern, die jeweils an anderen Stellen des Flugzeugs ganze Sitzreihen mit Jacken und Taschen blockiert haben. Es wird um Zentimeter gerungen, Gepäckfächer werden geprüft, vollgestopft, wieder leergezerrt, Konkurrenten angegiftet, Sitzplätze gewechselt, gedrängelt und gestritten. Unsere Großeltern haben solche Szenen wahrscheinlich auf der Flucht aus dem Osten erlebt. Dazwischen stehen ungerührt die Flugbegleiterinnen in blaugelben Kostümen. Ich fühle mich wie an einem verkaufsoffenen Sonntag bei Ikea, an dem sich mehrere Busladungen voller Großfamilien um die letzte *Knappa Klöver*-Hängeleuchte im Sortiment streiten. Wahrscheinlich hält Ingvar Kamprad einen großen Teil der Ryan-Air-Aktien und nimmt Einfluss auf das Geschäftsgebaren. Wir fliegen los.

Unser Ziel heißt Stockholm. Auch wenn das nicht ganz stimmt. Das Ziel heißt Stockholm-Skavsta. Wer hat das »Stockholm« genannt? Der Ort liegt über hundert Kilometer südlich der schwedischen Hauptstadt, wenn es dort überhaupt einen Ort neben dem Flugfeld gibt.

Die schwedischen Zollbeamten sehen uns finster an. In drei Reihen stehen die Passagiere und haben ihre Pässe in den Händen. Das wirkt ungewohnt. Ist Schweden nicht in der EU? Schengen-Staaten, offene Grenzen, keine Kontrollen und so weiter? Die Beamten prüfen jeden Pass, tippen jeden Namen in ihren Computer und gleichen die Passagierdaten wahrscheinlich mit einem zentralen Fahndungsregister ab. Oder mit der Datei der Ikea-Family-Mitglieder. Die Schweden sollen doch so nett sein. Wo ist Michel aus Lönneberga? Wenn ein Fluggast ausreichend kontrolliert wurde, darf er durch eine Tür aus hellem Buchenfurnier, die dann jedes Mal krachend zufällt und die gesamte Wand hinter den Zollbeamten zum Zittern bringt. Welcome to the country of Ikea.

Nach Stockholm – ins echte – bringt uns ein Bus. Auch das kostet für die einfache Fahrt fast so viel wie das Flugticket und dauert etwa zwei Stunden. Es ist schon dunkel, es regnet. Nach etwa eineinhalb Stunden säumen die üblichen Gewerbegebiete die Autobahn. Saab, Mercedes-Benz, Scania und der gängige Rest. Dann Ikea. Ganz in Blaugelb, gleich neben der Autobahn, mit eigener Ausfahrt. Das Möbelhaus an der Kungens Kurva, das 1970 einmal ausgebrannt war und das heute das größte der Welt ist, sieht genauso aus wie Ikea in Großburgwedel oder Hamburg-Schnelsen.

Am Hauptbahnhof steigen wir aus, und bevor wir mit der U-Bahn zu unserem Hotel (einem ehemaligen Gefängnis) fahren, gehen wir noch durch Stockholms Haupteinkaufsstraße. Die Schwester der Freundin will einen Starbucks suchen. Sie liebt Frappuccinos. Das sind Kaffeemixgetränke mit Eis und Sahne in verschiedenen sogenannten Flavours. Wir gehen durch die Fußgängerzone. Vorbei an mindestens vier H&Ms. Daneben gibt es Zara, Mango und all die anderen großen Ketten, die sich jede europäische Innenstadt untereinander aufteilen. Wie soll Ikea in Schweden schon aussehen? Genauso wie im Rest der Welt. Und die Wohnungen der Schweden? »In Schweden gibt es keinen Haushalt ohne ein Möbelstück von Ikea«, sagte der schwedische Botschafter Börje Ljunggren in China bei der Eröffnung des Ikea-Markts in Peking. Die sehen also genauso aus wie bei mir zu Hause, da gibt es nicht mal eine Nische ohne Ikea-Produkte.

Auf dem Rückweg müssen wir lange am Flughafen warten. Wir drängeln uns mit der Meute den Weg frei in die kleine Boeing. Dann führen wir den ganzen Wahnsinn noch mal auf: Das Flugzeug ist kaputt und muss umgetauscht werden. Alle steigen wieder aus. Jetzt fehlt nur noch der Techniker mit seinem Inbusschlüssel.

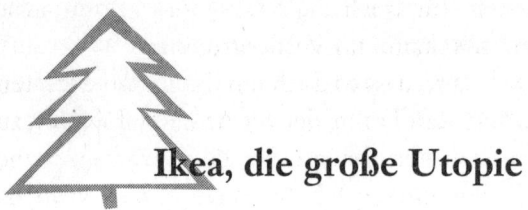

Ikea, die große Utopie

Der schwedische Möbelhändler
als Ersatzstaat

Ingvar Kamprad ist ein drolliger netter Herr. Phäno-typisch entspricht er dem perfekten Großvater. Dieser Mann ist oft unterschätzt worden, er hat große Ziele. In seinem *Testament eines Möbelhändlers* gab er die Marsch-richtung vor: Das Ziel seines Unternehmens müsse die to-tale Beherrschung der Wohnumgebung aller Menschen sein. Die Firma müsse Möbel und weitere Waren für jedes Eck einer jeden Wohnung oder eines jeden Hauses anbie-ten. Kamprads Ziel ist nichts weniger als die Möblierung der gesamten Welt.

In der Umsetzung hört sich das sehr viel netter an, mit einem Hauch skandinavischem Wohlfahrtsstaat. Man spricht davon, die Menschen glücklich zu machen, ihnen das Leben angenehm zu gestalten, und tritt allgemein nett und zurückhaltend auf. In einem Interview mit der *Wirt-schaftswoche*, das Kamprad 2007 gab, klingt das alles sehr freundlich: »Ich sehe es allerdings wirklich als unsere so-ziale Mission, so viele Menschen wie möglich zu bedienen.

Ob Sie es glauben oder nicht: Wenn wir ein neues Land erschließen, steht für mich die Frage, was gut für unser Gastgeberland sein kann, im Vordergrund.«

Stets wird beteuert, dass es doch um das Leben der Menschen ginge. Auch Ian Duffy, der für Asien und Pazifik zuständige Ikea-Manager, machte bei der Eröffnung einer Filiale auf Sozialpolitik: »Ich bin sicher, Ikea wird das tägliche Leben der Chinesen verbessern.« Die Ikea-Führung spricht nicht nur von Verbesserung, von einem angenehmen Leben für alle, von schönen Möbeln. Kamprad selbst beteuert gar, dass er besser wisse, was gut für die Menschen ist. Besser als Regierungen, Parteien, wahrscheinlich besser als die Menschen selbst. Ikea und sein Gründer treten mit dem Sendungsbewusstsein einer sozialrevolutionären Bewegung auf und gerieren sich dabei wie ein privatwirtschaftlich organisierter weltweiter Ersatzstaat. Der Präsident, der geliebte *Billy*, der große Schrauber oder wie wir ihn auf immer nennen sollen, ist Ingvar Kamprad.

Die Einrichtungsregierung

Ein Staat braucht eine gute Verfassung und stabile Regierungen, um dauerhaft zu florieren. Ingvar Kamprad hat dafür gesorgt, dass sein Reich auf einem stabilen Fundament ruht. Auf keinen Fall soll ihm widerfahren, was seinem Vorbild, dem Zündholzkönig Ivar Kreuger, geschehen ist, dass sein Unternehmen zusammenbricht oder von anderen abhängig ist. Kamprad hat seinem Betrieb eine Organisationsstruktur gegeben, die unauflösbar scheint. Der

201

offizielle Firmenschreiber Bertil Torekull hat das treffend formuliert: »Ikea mag montierbare Möbel verkaufen, das Unternehmen selbst kann aber nicht auseinandermontiert werden.«

So hat Kamprad 1982 eine der größten Stiftungen der Welt eingerichtet. Laut dem britischen Magazin *Economist* ist es auch die reichste Stiftung der Welt. Die Stiftung dürfte nicht zuletzt dazu dienen, das Unternehmen Ikea auf Generationen zu einer uneinnehmbaren Festung zu machen und gleichzeitig zu garantieren, dass das Möbelhaus in keinem Land der Erde mehr Steuern zahlen muss als absolut notwendig. »Solange es auf unserer Erde menschliches Wohnen gibt, muss es ein starkes und effektives Ikea geben«, spricht Kamprad.

Der Aufbau des Konstrukts Ikea ist wesentlich schwerer zu verstehen als der Aufbau des Tagesbetts *Hemnes*. Eigentümer des Konzerns ist seit Anfang der achtziger Jahre die Stiftung Stichting Ingka Foundation, Ingvar Kamprad sitzt im Aufsichtsrat. Die Organisation ist in den Niederlanden als gemeinnützig registriert, weil das dortige Stiftungsrecht sehr liberal ist. Niederländische Stiftungen müssen keine Auskunft darüber geben, was sie denn nun so Gemeinnütziges machen oder nicht. Als Stiftung ist die Organisation vor einer Übernahme durch Finanzinvestoren geschützt und muss nur wenig Steuern zahlen. Das Stiftungsziel ist »Innovation im Bereich der Architektur und des Innen-Designs«. Dieses Ziel ist rechtlich nicht änderbar, die Satzung verhindert, dass die Konzernstruktur nach dem Tode Kamprads verändert wird. Die Stiftung kann einzig durch Insolvenz aufgelöst werden.

Die Stichting Ingka Foundation hat einen geschätzten

Wert von 36 Milliarden US-Dollar. Dieses Geld dient als Investitionskapital für die Ikea Group. Der *Economist* nennt die Stiftung deshalb auch eine der geizigsten. Zur Stichting Ingka Foundation gehöre demnach eine zweite niederländische Stiftung, die Stichting Ikea Foundation. Über diese, so der *Economist*, werden Projekte unterstützt, die den offiziellen Zielen beider Stiftungen entsprechen. Wer aber wann wie viel bekommt, ist kaum zu recherchieren. Die Stichting Ikea Foundation habe in den vergangenen Jahren 1,7 Millionen US-Dollar an das schwedische Lund Institute of Technology überwiesen – nicht viel angesichts des Kapitals von 36 Milliarden Dollar. Weitere Informationen gibt Ikea nicht.

Die Stichting Ingka Foundation besitzt die Ingka Holding Group, die wiederum die Muttergesellschaft aller einzelnen Unternehmen des Ikea-Reiches ist wie Ikea of Sweden in Älmhult, wo die Produkte entwickelt werden, oder die Produktionsgruppe Swedwood, die in knapp vierzig Fabriken und Sägewerken weltweit Möbel und Einzelteile aus Holz fertigt. Sitz der Ingka Holding Group ist ebenfalls in den Niederlanden. Die Markenrechte an Ikea und die Rechte am Geschäftskonzept gehören einer niederländischen Firma namens Inter Ikea Systems, die nicht Teil der Ingka Holding Group ist. Stattdessen gehört Inter Ikea Systems der Firma Inter Ikea Holding, die in Luxemburg registriert ist und laut *Economist* wiederum einer gleichnamigen Firma mit Sitz auf den niederländischen Antillen gehört, die von einem Trust auf der Insel Curaçao geleitet wird, deren Besitzer unklar sind. (Es gibt da einen Verdächtigen.)

Die einzelnen Ikea-Märkte müssen Franchisegebühren

an Inter Ikea Systems zahlen. Über die Höhe dieser Abgaben lässt sich der Gewinn reduzieren, den einzelne Märkte in verschiedenen Ländern erzielen. Kritiker monieren regelmäßig, dass Ikea auf diese Weise Steuern umgeht – die Gebühren für die Nutzung der Marke und des Geschäftskonzepts seien zwar formal Kosten, tatsächlich aber steuerfrei ins Ausland überwiesene Gewinne. Die meisten Märkte gehören zur Ingka Holding Group. Inter Ikea Systems macht damit großen Umsatz, überweist aber offenbar große Summen, die als Kosten deklariert werden, an eine weitere Firma, die in Luxemburg registriert ist: I.I. Holding. Diese gehört wahrscheinlich auch der Kamprad-Familie.

Die Konstruktion wirkt, als habe sich eine Familie einen eigenen Staat geschaffen. Die Regierung der Weltmöblierungsgesellschaft ist komplex, unzerstörbar und funktioniert nach eigenem Recht und Gesetz. Nebenher macht es prächtigen Eindruck, dass Ikea eine Stiftung ist. Die tun Gutes, glauben viele Menschen. Doch sie verdienen nur gutes Geld und tun ihr Bestes, so wenig wie möglich davon an den tatsächlichen Staat abzuführen.

Die klassenlose Gesellschaft

Ein Staat hat Bürger. Im Falle der blaugelben Bewegung sind wir das, die Kunden. Im Staatsdienst selbst stehen die Ikea-Angestellten – so eine Art öffentlicher Dienst von Herrn Kamprad. Ihr Auftrag ist klar: »Unser Ziel ist es, möglichst vielen Menschen ihren Alltag angenehmer zu gestalten. Dazu müssen unsere Filialen immer mehr Produkte an immer mehr Kunden verkaufen«, so formuliert es die Firmenschrift *Read Me*. Es ist sehr begehrt, bei Ikea zu arbeiten. In Berlin meldeten sich Tausende Interessierte, als das Unternehmen dort einen neuen Markt eröffnete. Dazu musste Ikea noch nicht einmal eine Anzeige schalten.

Menschen, die in den Ikea-Staatsdienst eintreten, werden tatsächlich behandelt, als wären sie Teil einer Bewegung geworden. Kamprad will seine Angestellten mit Haut und Haaren: »Ich fordere von meinen begeisterten Mitarbeitern, dass sie nicht noch ein großes Interesse oder Hobby außerhalb des Unternehmens haben.« Man könnte auch meinen, dass Ikea ein Fall für den Sektenbeauftragten sei.

Demnach wäre der Bericht, den Mathias über seine Zeit bei Ikea geben kann, eine Aussteigergeschichte. Der junge Mann hat eine Lehre zum Systemgastronomen bei Ikea gemacht. »Systemgastronom« ist eine eher kaufmännisch orientierte Ausbildung und bereitet auf einen Berufsalltag bei einem großen Gastro-Unternehmen vor. Die anderen Azubis in der Berufsschule lernten bei McDonald's, bei Burger King, in den Restaurants großer Kaufhäuser oder in einem dieser Steakhäuser, die es in jeder Stadt gibt und über die nie ein Mensch spricht. Mathias lernte eben dort, wo jährlich Millionen Hackfleischbüllchen namens Köt-bullar zubereitet werden.

Ein angehender Systemgastronom bei Ikea wird nicht einfach begrüßt, er wird in eine Familie aufgenommen. Ob er will oder nicht, jetzt wird geduzt, und wenn der Chef sauer ist, dann brüllt er eben, »du bist unfähig«, statt »Sie sind unfähig«. Zum Einstand bekam Mathias wie jeder andere Azubi oder neue Angestellte das *Testament eines Möbel-händlers*. Ingvar Kamprad war auch sonst stets präsent während der Lehre. Die Kollegen sprachen oft über den wundersamen Unternehmer, Vorgesetzte erklärten, wie »der Ingvar«, wie ihn alle nannten, eine Aufgabe lösen würde. Die legendäre Bescheidenheit des kauzigen Schweden wurde immer wieder angeführt und vor allem häufig darauf hingewiesen, dass das ganze Geld ja nicht Ingvar zuflösse, da Ikea eine Stiftung sei. Zum fünfundzwanzigjährigen Bestehen von Ikea Deutschland kam Ingvar dann selbst vorbei und schüttelte jedem die Hand. Alle waren tagelang aufgeregt.

Wie sehr das Streben der Angestellten auf einen Kontakt zu Ingvar Kamprad ausgerichtet ist, das zeigt der Dokumentarfilm »Mit Ikea nach Moskau« von Michael Chauvistré. Der Film begleitet Manuela und Ulf, ein Paar, das sich bei Ikea in Berlin gefunden hat und nun mit der Firma nach Moskau geht, um dort eine Filiale aufzubauen. Ihre größte Sehnsucht scheinen die beiden nach einem Treffen mit Ingvar zu haben. Als das nicht zustande kommt, ist vor allem Ulf stinkig. Doch seine Ikea-Familie fängt ihn auf. Als die Mitarbeiter dann auch noch mehrmals eine Ikea-Hymne (»Wir sind IIIII-KEEEE-AAAAA«) zur akustischen Gitarre singen, ist das Bild aus Sekte, sozialrevolutionärer Bewegung und evangelischem Kirchentag komplett.

Die bescheidenen Enthusiasten, die sie nach Ingvars Wunsch offensichtlich sind, ordnen sich im Film begeistert in die Ikea-Familie ein. Alle duzen sich und sprechen sich beim Vornamen an – Ausdruck von Teamgeist, Engagement und Gleichheit. Ikea scheint in Wahrheit ein als

Möbelunternehmen getarntes soziales Projekt zu sein: die klassenlose Gesellschaft durch völlige Unterordnung der Angestellten und durch beharrliches Duzen der Kunden. Wie im schwedischen Volksheim gibt es an der Oberfläche weder Benachteiligte noch Privilegierte – vor dem Ingvar sind wir alle gleich, egal ob Käufer oder Verkäufer.

»Liebe Ikea-Familie«, spricht Kamprad gerne seine Angestellten an und bezieht uns automatisch ein. Wir Kunden sind die Kinder, die auf die lästigen Familienfeiern des Ikea-Clans mitmüssen. Ob wir wollen oder nicht, nach unserem Vergnügen wird nicht gefragt, wir werden geduzt. Da wird Ikea wirklich zur Familie: Mutti ruft aus dem Köttbullar-Land und beginnt ihre Durchsage mit »Hej, lieber Ikea-Kunde«. Dann schwärmt sie von dem leckeren Lachs, den es hier gibt. Nur noch ein bisschen einkaufen, Mutti, dann kommen wir schon zu Tisch. Das Duzen unterstreicht das Familiäre, das Gefühl von Privatheit. Wir lassen uns davon einlullen und sprechen von Ikea wie von einem Onkel, den man regelmäßig besucht, weil er immer wieder etwas Neues im Angebot hat und auch ganz ordentlichen Wein im Keller lagert.

Die einzigen Momente, in denen wir es schaffen, aus dieser sozialstaatlichen Fürsorgefolklore auszubrechen, ist, wenn wir uns nach einem Nervenzusammenbruch mit dem Kassierer oder einem armen Menschen an der Servicehotline zanken. Dann kommt das deutsche Sie automatisch zurück. Und dann geben auch manche Ikea-Mitarbeiter zu, dass ihre Firma ein Unternehmen wie jedes andere ist – mit Teilzeit, mit befristeten Verträgen, verbesserungswürdiger Bezahlung und Überstunden.

Zu den vornehmsten Aufgaben eines Staats gehört die Fürsorge für seine Bürger. Ikea springt da abseits der Wohnzimmerverhübschung in eine Bresche, die in diesem Land bereits länger klafft: Der Konzern macht sich um die Armenspeisung und die Betreuung von Kindern verdient. »Schwedische Futterkrippe« hat der *Spiegel* das Unternehmen in einem Beitrag einmal genannt. Tatsächlich, mit seinen Restaurants hat es das Möbelhaus in die Top-Ten der größten Gastronomieunternehmen Deutschlands geschafft. Im Geschäftsjahr 2004/05 gingen in Deutschland Köttbullar, Lachsschnitten und andere Gerichte für insgesamt 141 Millionen Euro über die Theke.

Das blaugelbe Möbelhaus hat sich zu einem modernen Bürgertreff gewandelt. Die Gerichte und Getränke sind so günstig, dass immer mehr Menschen nur zu Ikea fahren, um dort das Restaurant zu besuchen. Einige davon sicher, weil sie auf ihr Geld achten müssen und es ein Frühstück für 1,50 Euro mit endlos Kaffee sonst nirgends gibt. »Von München bis Kiel entwickelt sich der Elch-Shop zunehmend zur Sozialstation für Arbeitslose, Rentner, Mütter und Geringverdiener«, stellte der *Spiegel* fest. Morgens warten meist schon Trauben von Menschen darauf, dass das Ikea-Restaurant öffnet. In mehreren Städten haben sich Ikea-Frühstücks-Clubs organisiert – wohl, um die Fahrtkosten gemeinsam auf das Preisniveau der Lebensmittel zu drücken.

Die *Zeit* hatte recht, als sie 2005 schrieb, dass Möbelhäuser längst die Republik verpflegen. Autofahrer nutzen

Ikea-Restaurants als Raststätte. Die meisten Märkte liegen direkt an einer Autobahnausfahrt und sind wegen der großen Schilder gut sichtbar. Die Benutzung der Toiletten ist auch gratis. Während der Schulferien zählen die Ikea-Märkte an den Urlaubsreiserouten auffallend hohe Besucherzahlen. Ikea Deutschland ist einer der wenigen Einzelhändler des Landes, die von Schulferien profitieren. Die eigentliche Aufgabe der Restaurants war es einmal, die Verweildauer der Kunden zu erhöhen. Heute sind sie längst Selbstzweck. Ikea ist das nur recht – die Firma verdient auch noch an einem 1,50-Euro-Frühstück mit Brötchen, Wurst, Käse, Räucherlachs und Kaffee satt.

Während Mami und Papi im Ikea-Restaurant Elchgulasch mit Rösti essen, hat die Firma die Betreuung der Kinder übernommen. In den Kinderaufbewahrungsstätten namens Småland werden pro Ikea-Markt täglich etwa hundertfünfzig Kinder im Alter zwischen drei und zehn Jahren abgegeben. Die Einrichtung besteht nicht, weil die Schweden per se so kinderlieb sind. Auch hier handelt es sich um eine Maßnahme, um die Verweildauer der Kunden zu erhöhen. Wer quengelnde Kinder im Schlepptau hat, der kauft nicht entspannt Dinge ein, die er nicht braucht. Wie gut die schwedische Kindertagesstätte die Aufenthaltsdauer erhöht, bemerken wir, wenn zum dritten Mal ausgerufen wird, dass der kleine Leon jetzt doch dringend abgeholt werden solle.

Dass Leon so lange warten muss, kann daran liegen, dass sich die Eltern gar nicht mehr im Ikea aufhalten. Immer wieder kursieren Geschichten über alleinerziehende Eltern, die keinen Kindergartenplatz kriegen und deshalb angeblich ihre Kinder bei Ikea abgeben, um zur Arbeit zu fahren. In der anderen Variante geht Mutti nicht zur Arbeit, sondern zum Tennisspielen oder zum Friseur.

Auch in anderen Ländern kursieren ähnliche Geschichten oder Scherze, wonach Ikea der schwedische Begriff für »pass auf meine Kinder auf« sei. Kostenlose Kinderbetreuung, das gibt es in Deutschland sonst eben nicht. Da kann es schon vorkommen, dass die Eltern darob so selig sind wie jenes Paar in Dortmund, von dem sich die Ikea-Mitarbeiter gegenseitig erzählen. Das Paar hatte seinen Sohn einfach vergessen und tauchte erst eine Stunde nach Ladenschluss wieder im Möbelmarkt auf, um den verzweifelten Kleinen und die verzweifelten Betreuerinnen zu erlösen.

Der große Erzieher

Ikea kümmert sich um Kinder, aber wichtiger noch ist die Erziehungsarbeit, die der Konzern leistet – und zwar an ganzen Generationen von Kunden. Die Schweden hätten einst die Tristesse der deutschen Eichenschrankwand und der Ohrensesselgemütlichkeit niedergerungen, heißt es in Zeitungen. Klar, schränken die Schreiber ein, man könne einiges sagen und einwenden gegen Ikea, aber man müsse den Konzern dennoch loben. Er sei zur Sehschule der Nation geworden.

Endlich erkennt der Deutsche, was als schön zu gelten hat und was nicht. Endlich gibt es auch beim Einrichten die Kategorien richtig und falsch – kein Wunder, dass sogenannte Einrichtungsberater seit einigen Jahren Konjunktur haben. Ikea betreibe Wohnerziehung, heißt es. Die günstigen Preise erlauben Experimentieren, Kombinieren und Verwerfen. Da ist er wieder, der Zwang zur ständigen Neugestaltung. Geschmack besteht demnach darin, immer wieder Neues zu kaufen und zu verwerfen. Am besten bei Ikea, denn, so schrieb die *Süddeutsche Zeitung*, »die Amplituden des Geschmacks sind hier flacher; es ist schwierig, sich richtig böse zu vertun«. Weltweit, beziehungsweise in allen Ländern, in denen Ikea anwesend ist, gleichen sich diese Argumentationsmuster: Ikea bringt den guten Geschmack.

2004 antworteten 70 Prozent der befragten Deutschen bei einer Umfrage des Meinungsforschungsinstituts Emnid, dass Ikea den Einrichtungsstil entscheidend beeinflusst habe. Seinen Ruf als Hort des guten Geschmacks hat sich Ikea erst langsam erarbeitet. »Wer jung ist, hat mehr Geschmack als Geld«, hieß es noch in der ersten deutschen Ausgabe des Katalogs. Doch in den vergangenen zwanzig Jahren hat sich das Unternehmen zu einem Anbieter entwickelt, dessen Waren auch unter ästhetischen Gesichtspunkten positiv diskutiert werden. Dabei hatte die Firma auch Rückendeckung durch den Standort Schweden. Skandinavisches Design – hell, schlicht, praktisch – stand besonders in Deutschland lange vor der Eröffnung des ersten Marktes in München-Eching schon hoch im Kurs.

Das Erste, was bei Ikea allerdings entworfen wird, ist das Preisschild. Gestaltung dient in diesem Unternehmen in erster Linie dazu, den Preis zu senken. Wenn ein Produkt dann auch noch gut aussieht, umso besser. Dem Konzept haben die Ikea-Leute den Namen »Demokratisches Design« gegeben.

Ingvar Kamprad spricht über sich als einen Mann, der keinen Geschmack hat. Was ihn interessiert, sind Herstellungsverfahren, die Geld sparen. Diesen Gedanken verpacken die Firmen-Manager in große Transparente, die sämtliche Filialen wie mit großen Parteiparolen schmücken: »Wir glauben, dass die einfachen Lösungen oft die besten sind.« Auf drei mal vier Metern. Oder: »Design für alle!«, auf je einem Meter mehr. Auf den Papiertuchspendern in den Toiletten, bei denen man mit einem Hebel die Blätter herausbefördert, ist auch eine Nachricht. Komisch, dass diese Geräte nicht verkäuflich sind, stattdessen erziehen uns die Schweden: »1,2,3,4 ... mehr brauchst du nicht, der Umwelt zuliebe.« Den Verkäufer als Erzieher hat das System Ikea abgeschafft, doch die Firma ist weit entfernt davon, wie ein antiautoritärer Vater aufzutreten.

Ikea als Heimat

Die Eröffnung des ersten Ikea-Marktes in einem neuen Land begleiten wir von Europa und Deutschland aus jedes Mal in den Medien. Wenn Starbucks die erste Filiale in einem Land eröffnet, wenn McDonald's oder der französische Einzelhandelskonzern Carrefour seine erste Niederlassung in China, Madagaskar und Guinea-Bissau eröffnet, dann stehen jedoch keine Journalisten parat.

Klingt vielleicht komisch, ist es aber gar nicht. Ikea nämlich hat unsere Umgebung so sehr geprägt, dass der Konzern die Koordinaten unseres Zuhauses im privaten und unserer Heimat im öffentlichen Sinne vorgibt. Der wichtigste Artikel des Kulturexporteurs Ikea ist nicht die blaugelbe Schwedenflagge, sondern das Gefühl, dass dort unser Wohnzimmer, unsere Küche, unser Leben und Wohnen exportiert wird.

Wir wollen dabei zusehen und es miterleben, wie Russen in Moskau durch den eben eröffneten Ikea-Markt stürmen. Eigentlich interessiert uns dabei, dass diese Menschen jetzt ein Lebensmodell und ein neues Zuhause bekommen werden, das uns schon vertraut ist: Ikea hat unsere alltägliche Lebenswirklichkeit gestaltet und exportiert nun unser Zuhause in die ganze Welt. Klar, dass wir dabei sein wollen, wenn in China oder Japan jemand unser Sofa und unsere Schränke in seine Wohnung schleppt.

Das funktioniert ganz im Sinne der Meica-Deutschländer-Würstchen-Werbung, mit der man uns suggerieren wollte, dass deutsche Fleischerzeugnisse im Schweinedarm die Welt erobern. Der Spot ging so: Ein deutsches Großelternpaar (denen man abnehmen würde, ein schwedisches Großelternpaar zu sein, wenn sie im Ikea-Katalog auftauchen würden) kommt in New York an. Ihr Sohn holt sie ab und fährt sie durch die Straßen der Stadt. Großmutter ruft erstaunt durch den Verkehr: »Sie fahren unsere Autos!« Opa entdeckt Werbung: »Und sie trinken unser Bier!« Sie kommen im Haus ihres Sohnes an, wo ein kleiner blonder Junge mit blonder Mutter wartet, auf dem Tisch stehen Würstchen. »Deutschländer mit Kartoffelsalat!«, entfährt es der Großmutter begeistert – in der Fremde findet sie die Symbole der Heimat. Ikea wiederum exportiert unsere Heimat, nachdem sie diese in jahrzehntelanger Arbeit zuvor erst definiert hat.

Je weiter man von zu Hause entfernt ist, desto besser funktioniert dieser Reflex. Auf Rucksackreisen durch Asien habe ich beinahe euphorisch auf jeden Mercedes reagiert, der sich an mir vorbei durch eine der überfüllten Großstädte gequält hat. Zu Hause fällt so ein Auto nur auf, wenn es auf der Autobahn an meiner Stoßstange hängt und mit diversen optischen und akustischen Signalen seinen PS-legitimierten Herrschaftsanspruch auf die linke Fahrspur verdeutlicht. Unangenehm, sehr unangenehm. In der Ferne muss ich mich dagegen zusammenreißen, wenn das Logo mit dem Stern auftaucht, um nicht rumzuhüpfen und den umstehenden Menschen mitzuteilen, dass meine Heimat dort ist, wo dieses Auto herkommt, das im Übrigen ein technisches Wunderwerk und eine Meisterleistung deutscher Ingenieurskunst ist. Genauso nicke ich eifrig und zustimmend, wenn ein Neuseeländer das Wort »Löwenbräu« beherrscht oder ein Mexikaner von den Vorzügen des deutschen Nahverkehrswesens schwärmt.

Ikea jedoch ist in der Ferne ein von national geprägten Bildern losgelöstes Phänomen. Der Konzern unternimmt zwar alles, um schwedischer als eine Portion Kötbullar mit Preiselbeeren zu erscheinen, ist aber in der Fremde einfach nur gefühltes Zuhause – auch für einen Deutschen, einen Briten, einen Franzosen. Mein ehemaliger Kollege Florian ist vor einigen Jahren einmal mit dem Zug nach England gefahren. In Paris hatte er seinen Anschluss nach Calais verpasst, und statt zu warten, entschloss er sich, mit Regionalzügen durch Nordostfrankreich zu bummeln. Es war November, und Wetter und Landschaft gaben sich alle Mühe, dem Novemberklischee zu entsprechen. Auf einem Provinzbahnhof musste Florian bei einem schnellen Umsteigemanöver einen falschen Zug erwischt haben. Die Reise nach Calais wurde zu einem kleinen Abenteuer. Es war grau, es nieselte, die flache, dünnbesiedelte Landschaft bot nichts als Eintönigkeit, und da Florian kein Französisch spricht und sich nicht so recht erkundigen konnte, wo er denn nun sei und wie es weiter nach Calais gehe, fühlte er sich ziemlich verloren. In die Melancholie hinein tauchte am Horizont das vertraute Blaugelb eines Ikea-Markts auf. Florians Stimmung hellte sich auf, jetzt wusste er, dass er Calais erreichen würde, er war hier zu Hause, da konnte er sich nicht verirren.

Noch wichtiger ist Ikea für meine ehemalige Mitbewohnerin Sabine. Sie ist Ärztin, arbeitet aber gerade nicht in ihrem Beruf. Zusammen mit ihrem Mann ist sie nach Kuala Lumpur gezogen, der Hauptstadt Malaysias. Dort hat sie Zwillinge geboren und ist Hausfrau auf Zeit, während ihr Mann für ein sehr großes deutsches Unternehmen arbeitet. Kuala Lumpur ist keine sonderlich spannende Stadt. Im Zentrum rund um die ehemals höchsten Gebäude der Welt, die Petronas Twin Towers, stehen andere glasverkleidete Wolkenkratzer, in deren Parterre sich Filialen der großen Kaffeehausketten befinden. Es gibt Chinatown, wo die Rucksacktouristen die Nacht verbringen, die sie brauchen, um zu merken, dass Malakka oder der Regenwald spannender sind. Und es gibt die grünen Vororte, in denen sich die Gemeinde der sogenannten Ex-Pats eingerichtet hat: Menschen wie Sabine und ihr Mann, die nach Malaysia gekommen sind, um dort zu arbeiten. Für die Ex-Pats hat der Arbeitgeber meist ein stattliches Haus mit getrimmtem Rasen, Klimaanlage, Swimmingpool, Gärtner, Kinder- und Putzfrau organisiert. Für Sabine, die früher jedes freie Wochenende beim Bergsteigen war, ein goldenes Gefängnis, eine sterile Fremde, in der sie zu Gast ist und die Zeit mit den Frauen der Kollegen ihres Mannes verbringen muss, die sich ebenfalls langweilen.

Aber Kuala Lumpur beherbergt eine Ikea-Filiale. Und die ist selbstredend so wie jede andere Filiale auf der Welt. Um Weihnachten hatten die Schweden Nordmanntannen im Angebot, zwei Meter hoch, dazu Christbaumkugeln. Ein Angebot, das ausschließlich europäische oder amerikanische Ex-Pats wahrnahmen. Wer sollte in einem muslimischen Land auch sonst Christbäume kaufen? Sabine war selig, als sie die Nordmanntanne in ihrem Haus aufstellte – zwei Meter Heimat in der Fremde.

Das Unternehmen vermittelt uns in der Fremde nicht nur ein Gefühl von Zuhause und Heimat. Es möbliert abseits unserer Wohnungen auch unsere physische Heimat. Ikea prägt den öffentlichen Raum, indem es Wellblechhallen in die Peripherie großer Städte baut – weltweit. Das erweckt den Anschein sympathischer Zurückhaltung: Das Unternehmen entgeht unserer Aufmerksamkeit, wenn wir die eintönige Homogenisierung europäischer Innenstädte beklagen. In den Fußgängerzonen Europas fallen uns die großen Ketten stets ins Auge. Es gibt kaum eine autofreie Einkaufszone, in der sich nicht drei, vier oder fünf H&M-Filialen angesiedelt haben. Dazwischen verkaufen die Läden der spanischen Zara-Kette Kleider, der Rest ist C&A, Mango, Kaufhof, Karstadt, McDonald's und Burger King. In den vergangenen Jahren haben sich dazu Coffeeshops wie Starbucks oder San Francisco Coffee Company ausgebreitet wie einst die Spanische Grippe, die zwischen 1918 und 1920 weltweit bis zu fünfzig Millionen Todesopfer forderte. In diesem Markenallerlei ist es leicht zu vergessen, in welcher Stadt man gerade sein Geld ausgibt.

Dass diese synthetischen Einkaufsstädte in einer ebenso gleichförmigen Klammer eingefasst sind, nehmen wir dagegen nicht als unangenehm wahr. Es erfüllt uns eher mit einem Gefühl von Geborgenheit, dass am Rand fast jeder deutschen Stadt ein Ikea steht und das homogene Gegenstück zur Gleichheit in den Innenstädten bildet. Ikea-Schilder, deren Blaugelb von den deutschen Autobahnen zu sehen ist, lassen uns den Drängler im Auto hinter uns vergessen und an die Behaglichkeit des eigenen Wohnzimmers denken – da kommen sie alle her, meine Möbel; da hinten wird gewohnt, während auf der Autobahn nur gerast wird.

Ikea-Schilder weisen uns den Weg. Sogar von der heiligen deutschen Autobahn aus wird es einem einfach gemacht, die Warenhäuser anzusteuern. Nicht nur durch die hässlichen Stangen, auf die weit sichtbar ein blaugelbes Ikea-Logo montiert ist; sondern auch durch diskretere Schilder, echte Straßenschilder, grau, reflektierend. Die sind sonst Unternehmen wie dem TÜV und der Dekra vorbehalten – Firmen, zu denen die Bewohner der Autonation Deutschland ihre Fetische alle zwei Jahre hinfahren müssen.

Die Ikea-Trails über Bundesstraßen und Autobahnen werden auch bis zum Infarkt genutzt: Wird er nicht schon als solcher im Rundfunk angekündig, erkennt man den »Ikea-Stau« spätestens, sobald man Teil davon geworden ist. Bau dir deinen eigenen Stau, das funktioniert auch ohne Bedienungsanleitung.

In anderen Ländern ist Ikea nicht minder präsent, doch braucht es dort keine offiziell anmutenden Straßenschilder, dort wirkt es, als hätte die Privatwirtschaft die Sache selbst in die Hand genommen. In London etwa hat Ikea sämtliche U-Bahn-Pläne in den Stationen der Tube gesponsert. Bakerloo-Line, Northern-Line, Central- oder Circle-Line – alle Verbindungen führen zu einem der vier Ikea-Märkte der britischen Hauptstadt. Nur wie man zum Beispiel ein *Ivar*-Seitenteil in die engen stählernen Presswürste namens Londoner U-Bahn bugsieren soll, das ist mir ein Rätsel. Da sehen die blaugelben Ikea-Busse in Oslo – und sicher in jeder anderen Stadt auch, wo die Busse fahren – wesentlich geräumiger aus. Und ihre Ikea-Kriegsbemalung, die ist wirklich nicht zu übersehen – im Gegensatz zu den Untergrundaktionen in London.

Neue Heimat

Doch es geht weiter, bald wird Ikea dem öffentlichen Raum einen deutlich sichtbaren Stempel aufdrücken. Einen, der sehr viel schwerer wiegt als ein paar Schilder oder Wellblechhütten an den Rändern der Städte. Ingvar Kamprad, der über seine verschiedenen Holdinggesellschaften auch an Baufirmen und Banken beteiligt sein soll, hat das Prinzip Ikea bereits auf die Architektur übertragen. Das Haus aus dem Bausatz heißt *Boklok* was so viel bedeutet wie »clever wohnen« – und wurde 1997 gemeinsam mit dem Ba250 Skanska entwickelt.

Die Wohnschachteln gleichen den Möbeln des Konzerns: Sie sind billig, sie kommen in Einzelteilen und sehen recht ansehnlich aus. Die Häuser werden aus Holz in einfachem Grundriss gebaut. *Boklok* wird jedoch nicht in einem flachen Paket samt Inbusschlüssel geliefert, sondern tatsächlich von einer Firma errichtet. Um ein standardisiertes Ikea-Fertighaus mit insgesamt sechs Appartements aufzubauen, sind ein Kran, zwei Arbeiter und sechs Tage Zeit nötig. Die *Bokloks* gibt es entweder als Appartement- oder als Einfamilienhäuser. In beiden Fällen stehen sie nicht allein: *Bokloks* kommen stets mit ihren Freunden und werden in größeren Wohnanlagen geplant.

Ikea ist damit wieder einmal auf große Nachfrage gestoßen. In den skandinavischen Ländern hat das Unternehmen inzwischen über zweitausendfünfhundert Wohnungen und Häuser gebaut und verkauft. In Großbritannien wurde 2006 in Gateshead die erste *Boklok*-Anlage geplant und gebaut. In Frankreich, den Niederlanden, Polen und den USA sind Projekte geplant. Wegen des günstigen Preises – die Angebote richten sich an Familien, die sich sonst nicht unbedingt Wohneigentum leisten könnten – kommt auf jedes Ikea-Fertighaus eine Vielzahl von Interessenten. In vielen Fällen war die Nachfrage so hoch, dass die Käufer ausgelost werden mussten. Gleichzeitig ist der Erwerb von *Bokloks* reguliert: Die neuen Eigentümer verpflichten sich, selbst in die Häuser einzuziehen. In Großbritannien muss eine Agentur eingeschaltet werden, wenn die Besitzer irgendwann verkaufen wollen. Das soll verhindern, dass mit den Fertighäusern spekuliert wird.

So entsteht derzeit ein neues kleines Wohnutopia, das sich vom staatlichen Wohnungsbau Schwedens in den siebziger Jahren kaum unterscheidet. Diesmal ist es ein privatwirtschaftliches Unternehmen, das den neuen, den gleichen Menschen schaffen will. Praktischerweise verkauft es die Einrichtung für die neue Heimat gleich dazu. Die ersten *Boklok*-Bewohner in Schweden bekamen Tapeten von

Ikea und dazu einen Einkaufsgutschein im Wert von einigen hundert Euro für – natürlich – Ikea. Zusätzlich arrangierte Ikea einen Termin bei einem Designer, der den Bewohnern wahrscheinlich helfen sollte, durch den Ikea-Katalog zu blättern.

Ikea, wir lieben dich

Wir lieben Ikea, den Ersatzstaat aus dem Norden. Egal, was passiert. Nike, MTV und Co. werden wegen kulturellen Imperialismus von Globalisierungskritikern angeklagt, während Ikea stets außen vor bleibt. Stattdessen wird am Tisch Ingo beim Kaffee in Ikea-Latte-Macchiato-Gläsern geplant, wie Berlin-Kreuzberg vor einer McDonald's-Filiale gerettet werden kann. Beim G8-Gipfel in Heiligendamm prügeln sich die Leute dann mit Polizisten, die sie zuvor noch beim Köttbullar-Essen in Hamburg-Schnelsen am Nachbartisch getroffen hatten.

Ikea ist gut. So wie die Deutschen ihre von positiven Klischees begründete Liebe zu Schweden tapfer verteidigen, so lassen sie auch nichts auf Ikea kommen. Selbst der amerikanische Soziologe Richard Sennett, der als Globalisierungsmahner bekannt ist, attestierte dem Konzern, dass er »sehr gute Betten« herstelle und »die Kluft zwischen Konsumenten und Produzenten« verkleinert habe (was auch immer das heißen soll).

Das Unternehmen pflegt sein Image als Underdog, obwohl es doch längst zu einem globalen Konzern geworden ist. Kritik kann ihm nichts anhaben. Egal, ob dem Unternehmen ästhetische Gleichmacherei, die Homogenisierung und Entindividualisierung von Millionen Haushalten, ausbeuterische Produktionsbedingungen oder Umweltsünden vorgeworfen werden – das Unternehmen nicke freundlich, nehme einen in Arm und gebe einem recht, schreiben Kommentatoren verwundert. Dann sagt Ikea, dass es sich ändern wird, tritt bald darauf als umweltbewusst und sozialverantwortlich auf und geriert sich als gestalterische Speerspitze des internationalen Wohnwesens.

Die Kunden vergeben dem Unternehmen jedes Mal, obwohl eigentlich immer nur zugegeben wird, was sich nicht mehr leugnen lässt. So bekannte sich Ingvar Kamprad dazu, dass er in seiner Jugend viel zu lange die schwedischen Faschisten um Per Engdahl unterstützt hatte – nachdem die Medien seines Landes die Affäre aufgedeckt hatten (Kamprad zeigte sich als zerknirschter alter Mann, und die Sache wurde wieder vergessen). Ebenso verhielt sich das Unternehmen, als *Billy*-Bretter in den neunziger Jahren zu viel Formaldehyd ausdünsteten, als Umweltaktivisten dem Unternehmen vorwarfen, Tropenholz zu verarbeiten, oder als es hieß, dass Ikea Teppiche aus Kinderarbeit verkaufe.

Nach solchen Geständnissen startet Ikea dann symbolische Aktionen und wirft seine PR-Maschine an. Umweltschützer und Menschenrechtsaktivisten bescheinigen dem Unternehmen zwar, gute Arbeit zu leisten. Dennoch vergessen wir, dass es sich bei Ikea um einen gigantischen Konzern handelt, der weltweit Waren für Milliarden Euro produzieren lässt. Es wäre ein Wunder, wenn da nichts schiefginge. Es ist schön, wenn die Kissenbezüge *Grindtorp* für 10 Euro das Stück in Indien von Frauen zu fairen

Löhnen handbestickt werden. Doch wie Recherchen von *Le Monde Diplomatique* zeigten, ist das riesige Netz aus Zulieferern mit ihren Sub- und Sub-Sub-Unternehmen in Indien, Bulgarien, Vietnam, China und anderen Ländern trotz guter Vorsätze gar nicht kontrollierbar. Es gibt Menschen, denen die Arbeit für das »Demokratische Design« das Leben wirklich nicht angenehmer macht. Uns Kunden interessiert das schon bei den T-Shirts aus Bangladesh oder den Turnschuhen aus Indonesien nur marginal. Bei Ikea ist es uns gänzlich egal.

Mit dem Erfolg und dem extremen Wachstum bekommt aber auch die Ikea-Familie Risse. Im Frühjahr 2008 geriet zunächst der Lebensmitteldiscounter Lidl in die Kritik. Das Unternehmen hatte Angestellte heimlich mit Kameras überwacht. Von Lidl – neben Aldi über die Jahre zum Inbegriff des bösen Arbeitgebers geworden – hatte man das irgendwie erwartet. Wir hätten dem Unternehmen noch weit perfidere Maßnahmen zugetraut, mit denen die Belegschaft drangsaliert wird. Aber Ikea? Von den netten Schweden erzählt man sich nur Positives. Eigentlich. Umso überraschter reagierte die Öffentlichkeit, als das Fernsehmagazin *Frontal 21* im April 2008 berichtete, dass auch Ikea-Mitarbeiter ohne Zustimmung des Betriebsrats während der Arbeit mit Kameras beobachtet worden seien. Außerdem habe das Unternehmen illegale Protokolle über den Gesundheitszustand von Mitarbeitern angelegt. Vom Mustersozialstaat Schweden erwarten wir allenfalls kostenlose Behandlung von kranken Menschen, aber das werden die Ikea-Mitarbeiter nicht im Sinn gehabt haben, als sie mutmaßlich grippale Infekte, Magen-Darm-Geschichten und Erkältungen der Kollegen notiert haben.

Frontal 21 machte dem Unternehmen noch weitere Vorwürfe. Demnach werde auf Betriebsräte massiver Druck von Seiten der Vorgesetzten ausgeübt. Ikea arbeite zudem mit einer dünnen Personaldecke, hieß es. Teilzeitkräften werde totale Flexibilität abverlangt, gleichzeitig würden sie schlecht bezahlt.

Ikea? Die Schweden? Die sind doch so nett?! Ikea scheint schlicht ein ganz normales Unternehmen zu sein – wahrscheinlich werden derlei Maßnahmen intern mit dem Hinweis auf den sogenannten internationalen Wettbewerb gerechtfertigt. Willkommen in der harten Welt der Angestellten. Ikea beteuerte in einer Pressemitteilung, dass sämtliche Mitarbeiter des Unternehmens fair, offen und respektvoll miteinander umgingen, und wies die Vorwürfe zurück. Grundsätzlich, so hieß es, widersprächen die angeblichen Vorfälle »komplett der Unternehmensphilosophie«.

Es gibt weitere Beispiele: 2004 flog in Deutschland ein Ikea-Manager auf, der sich jahrelang von Baufirmen hatte bestechen lassen. Noch ein Beispiel: 2005 gab Ikea als Ziel aus, bis zum Jahr 2009 den Anteil von Holzprodukten aus ökologischer Forstwirtschaft im Sortiment auf 30 Prozent zu steigern. Anfang 2008 verabschiedete sich der Konzern still und leise von diesem Ziel. In diesem Zeitraum war es dem Möbelhaus nicht einmal gelungen, den Anteil von Produkten aus Öko-Wäldern zu steigern: Er ging von 12 auf 6 Prozent zurück. Das war der Umweltorganisation Greenpeace aufgefallen und wurde erst auf deren Nachfrage öffentlich. Es sei einfach nicht genug Öko-Holz auf dem Markt, sagte ein Sprecher. Angesichts des rasanten Wachstums des Unternehmens gebe es Probleme, überhaupt ausreichend Holz zu beschaffen, hieß es.

Ivar wird jetzt eben doch kein Bio-*Ivar*, denn Ikea ist eben doch ein ganz normales Unternehmen. Ein weltweit agierender Möbeldiscounter. Wir wollen das nur nicht sehen. Wir wollen Ikea für immer lieben.

Eine neue Liebe

Geh doch woandershin

Ich war unzählige Male bei Ikea und hatte den Blick für die Konkurrenz verloren. »Dann geh halt woandershin!«, ist die naheliegende Empfehlung. Nur wohin? Als Student war es ein wirtschaftlicher Zwang, bei Ikea einzukaufen. Ich konnte mir nicht vorstellen, dass es bei einem anderen Händler auch Regale gibt, die nur etwas mehr als 10 Euro kosten. Die Frage nach einer Alternative hat sich deshalb nie gestellt. Daraus ist später profundes Unwissen geworden.

Als die Freundin und ich auf der Suche nach einem Esstisch und nach einem Sofa waren und die Summe, die monatlich auf meinem Konto einging, wenigstens etwas stattlicher war als zu Studienzeiten, haben wir es auch gewagt, kleine Läden in der Innenstadt zu besuchen. Sollte ja was für die Dauer sein. Aber wenn ich ein Bücherregal brauche, was dann? Ich habe keine Ahnung, wohin ich sollte, um ein Bücherregal zu kaufen – außer zu Ikea.

Ich muss Licht ins Dunkel meiner Unwissenheit bringen, dachte ich an einem Samstag und beschloss, ein anderes Möbelhaus aufzusuchen. Orientierung und Entscheidungshilfe bietet in München der Nahverkehr: Auf Bussen und auf Taxen wird für XXXLutz geworben – und für Segmüller, der von sich sagt, er sei ein Möbelgigant. Ich fand noch eine große Werbung in einem kostenlosen Anzeigenblatt, das unter unserem Briefkasten lag und das ich dort normalerweise liegen lasse. Möbel Mahler – den Namen hatte ich schon gehört. Die Firma schmückt sich mit einem sympathischen, wenn auch verzweifelten Superlativ samt Ausrufezeichen: »Das größte Einrichtungszentrum südlich von München!« Heißt das, dass es östlich, westlich und nördlich von München Einrichtungszentren gibt, die wesentlich größer sind als Möbel Mahler?

In seiner Anzeige versprach Möbel Mahler 35 Prozent Rabatt auf alle Möbel, das klang verlockend. Nach billigen Regalen, nach Einkaufschaos, nach Zuständen, wie ich sie von Ikea kenne. Kleiner stand dann darunter: »Ausgenommen Flexa, Kare, NOW! by Hülsta, Zeyko, Leicht, Esprit, Musterring, Miele, Liebherr, Hülsta, Stressless, Knoll, Egoform, Gwinner International, Göhring, Himolla, JOOP!, Moll, BHD-Brinkmann, BOX, Ruf und Sprenger. Gilt nur für Neuaufträge. Ausgenommen reduzierte Ware. Nicht mit anderen Rabattsystemen kombinierbar.« Haben die überhaupt noch andere Möbel? Ich will ein billiges Regal, aber nicht veralbert werden. Die Möbel Mahlers aus dem Süden Münchens verkündeten in ihrer Anzeige dennoch trotzig, man sei von Tausenden begeisterter Kunden überrannt worden, aber ich wollte nach einer Ikea-Alternative suchen, nicht nach einer Mogelpackung. Möbel Mahler war also nichts für mich, entschied ich.

Im Münchner Westen tat sich noch eine neue Möglichkeit auf: Möbel Höffner hatte dort gerade erst einen Markt eröffnet und brüllte gleich im für die Branche üblichen Ton, dass es sich bei dem Standort an der A 96 um Münchens größtes Möbelhaus handele. Das Imponiergehabe irritiert. Ich sehe den Schrank vor lauter röhrenden Platzhirschen nicht mehr. Auf der Internetseite von Möbel Höffner prahlen die Herrschaften mit dem »lääängsten Sofa der Welt«, das man bei einem Weltrekordversuch zusammengeschraubt habe, und brüsten sich damit, Deutschlands größter »Voll-Service-Möbelhändler« zu sein. Die vielen Superlative ermüden, und was ist überhaupt ein Voll-Service-Möbelhändler? Übernehmen die auch das Kochen, nachdem sie mir die Küche geliefert und aufgebaut haben?

Ich fuhr zu Segmüller nach München-Parsdorf. Die stellen sich bloß als Gigant vor. Für ein Möbelhaus finde ich das sympathisch bescheiden. Der einigermaßen verwirrenden Internetseite konnte ich entnehmen, dass die Firma immerhin acht Standorte zwischen Frankfurt und München hat. Das klingt nach einem halbwegs ernstzunehmenden Konkurrenten für Ikea und rechtfertigt ansatzweise das großmäulige Gehabe ums Gigantentum, das irgendwie alle Ikea-Konkurrenten betreiben. Wird Möbelhandel vor allem von Halbstarken betrieben?

Das Anfahrterlebnis auf dem Weg zu Segmüller war vertraut: An der Autobahnausfahrt stauten sich die Autos. Ungewohnt war, dass sich dieses Erlebnis bis auf die von eins bis fünf durchnumerierten Parkplätze verlängerte. Es dauerte über eine halbe Stunde voller Wendemanöver, Beinaheauffahrunfälle und Situationen, in denen ich meine

Haftpflichtversicherung fast zum ersten Mal gebraucht hätte, bis ich in einer abgelegenen Seitenstraße dieses Vorstadtgewerbegebietes endlich mein Auto parken konnte. Ich würde mich weigern, auch nur eine Tüte Teelichter über diese Entfernung zu tragen, von einem echten Möbelstück ganz zu schweigen. Haben die hier einen extra Lieferservice zum eigenen Auto?

Im Segmüller überfällt mich das Chaos. Zusammen mit schreienden Kindern und Müttern mit Strähnchen im Haar und Hündchen auf dem Arm spuckt mich die Drehtür mitten in einen unübersichtlichen Berg Töpfe und Pfannen. Vor mir grinst Johann Lafer von den WMF-Packungen, von hinten schieben Menschen, die BMW-Sauber-Formel-1-Jacken tragen. Ich weiche nach rechts aus und lande in der Sofaabteilung. Das ganze Haus scheint eine Sofaabteilung zu sein. Die Segmüllers geben mir keine Orientierungshilfe. Ich weiß nicht, wo ich bin, ich weiß nur, dass ich keines dieser Sofas jemals besitzen will.

Waren die bei einer Haushaltsauflösung in einem gigantischen Seniorenheim? Hier tragen die Couchkombinationen Namen wie zum Beispiel *Stettin*. Ich will mich nicht auf etwas setzen, das nach Vertriebenenverband klingt und in Farben und Mustern daherkommt, deren Auswahl sich nur rechtfertigen ließe, wenn die Polster schon serienmäßig in abgewetztem Zustand geliefert würden.

Die Sofas tragen bei Segmüller Nackenstützen. Das unterstreicht, dass Deutschland eine Autonation und zu Recht kein Land ist, das man für seine Möbel rühmt. Da hatte ein Autositzzulieferbetrieb wahrscheinlich noch eine große

Charge Nackenstützen übrig, und der Möbelgigant aus Parsdorf hat zugeschlagen, weil er so viele Kunden hat, die Formel-1-Jacken oder -Kappen tragen. Hoffentlich ist es nicht nötig, diese Sofas alle zwei Jahre zum TÜV und zur Abgasuntersuchung zu bringen.

Die unendliche Sofaweite des Segmüllers wird an den Seiten von Glasvitrinenschränken in Buchenoptik begrenzt. Die Dinger sehen aus, als würden sie davon träumen, einmal eine echte Schrankwand zu werden, wenn sie ausgewachsen sind. Solche Vitrinen werden ausschließlich gekauft, um darin Leonardo-Gläser aufzubewahren. Diese Gläser, die in den achtziger Jahren in keinem Teenagerzimmer fehlten und bei denen man auf keinen Fall die kleinen Leonardo-Aufkleber mit dem Wolkenlogo abfummeln durfte, auch dann nicht, wenn die Gläser tatsächlich benutzt wurden und die Etiketten von der Spülmaschine schon ordentlich durchgeweicht waren.

Zwischen Weinkelchen und Whiskeygläsern namens *Natalie* und *Vanessa* haben auch die Leonardo-Gläser beim Segmüller tatsächlich noch eine Heimat. Zwischen Vitrinen und Sofas sitzen Verkäufer an ihren Schreibtischen und klappern auf arthritischen Tastaturen Typbezeichnungen in alte Rechner. Grünmonitore habe ich das letzte Mal gesehen, als sich der rothaarige Thomas damals in der fünften Klasse als Erster von uns einen Commodore 64 kaufte – einen mit Datasette. Das war der Vorläufer des Diskettenlaufwerks. In der Datasette musste man echte Kassetten mit Datenbändern abspielen.

Die Sofahalde geht schlagartig in einen chaotischen Wald von Lampen und Leuchtmitteln über. Es ist, als würde man im Winter ein Kaufhaus betreten. Zwischen den Sofas und dem Übergang zu Hunderten aktivierten Leuchtmitteln steht eine wuchtige Wand aus warmer Luft. Es ist heiß, und es ist hell. Am anderen Ende des Lampenwalds empfängt mich eine Rustikaldekokombination aus Holzschubkarre, Spinnrad, Butterfass und einem Dreschflegel, der topreduziert für 149 Euro im Angebot ist. Den Dreschflegel muss ich garantiert nicht selber aufbauen, der wird am Stück geliefert. Dahinter stehen Schränke, deren Türen aus Massivholz sind und an den oberen Kanten, anders als Ikea-Ware, bündig abschließen, aber im Dreschflegelgenre bleiben.

Die onkelhaften Rustikalarrangements werden plötzlich unterbrochen von Asia-Chic und Betten mit rosa Playboy-Bunny-Bezug. Dahinter hängen Spiegel, die zwischen Softporno und Rustikalgemütlichkeit vermitteln sollen. So was wäre vielleicht als Requisite für Siebziger-Jahre-Filmchen à la »Die heißen Schwedinnen kommen« adäquat gewesen. Was für ein Chaos, was für ein Labyrinth einzigartiger stilistischer Verirrungen! Dieser Laden ist der Sofa gewordene Fehlgriff. Neben einer lebensgroßen Ritterrüstung samt Schwert und Glasesstischen mit barocken Glaskerzenleuchtern grüßgotten mich Segmüller-Verkäufer aufmunternd an.

Ich flüchte ins Restaurant, das heißt, ich versuche ins Restaurant zu flüchten. Ich habe keine Ahnung, wo ich bin, der Segmüller ist riesig, und er ist vor allem chaotisch. In diesem Durcheinander könnten nur die Hempels ein passendes Sofa finden. Der Komiker Willy Astor hat vor einigen Jahren für das Unternehmen im Radio mit dem Slogan »Segmüller, da wo das Möbel haust« geworben. Endlich offenbart sich mir die wirkliche Bedeutung dieses Satzes.

Der Segmüller ist ein Labyrinth, in dem Monstermöbel lauern und darauf warten, die Wohnzimmer ihrer Opfer zu verschlingen. In diesem Chaos verdichten sich die Möbel zu einem chaotischen Farb- und Materialbrei, der einem jegliche Orientierung raubt. Ich wünsche mir, dass Ingvar Kamprad kommt, mich an die Hand nimmt und mit mir den vorgegebenen Rundgang durch eine seiner Ikea-Filialen beschreitet.

Irgendwann finde ich zurück in den Eingangsbereich. Von hier führt eine Betonrampe mit abgewetztem Teppichboden in die übrigen drei Stockwerke. War das ursprünglich mal ein Parkhaus? Im nächsten Stockwerk gibt es – Sofas. Wo kommen die alle her, wer macht so was? Wer baut die alle? Und wer soll die alle kaufen? Darüber gibt es dann Badevorleger, Bademäntel, Badehandtücher. Es riecht nach Gummi, ich wage es nicht, tiefer in diese Etage einzudringen. Mir schaudert, wenn ich mir mir vorstellen soll, wie Menschen Bäder einrichten, die sich Dreschflegel und Sofas mit Nackenstütze kaufen.

Im obersten Stockwerk verirre ich mich dann eine Weile zwischen Einbauküchen und Badezimmerspiegelschränken. Direkt an eine große Auslage mit Messern und WMF-Waren mit vielen Bildern von Herrn Lafer schließen sich die Büromöbel an. Bei Segmüller hat die scheinbar zusammenhanglose Warenpräsentation offenbar eine zweite Ebene. Zornige Angestellte können hier direkt in der Möbelausstellung ihre Aggressionen abbauen und Bürogewaltphantasien ausleben, in denen Küchenutensilien vorkommen. Schlachtermesser passen auch farblich ziemlich gut zu grauen Computertischchen, mit Ausziehfläche für die Tastatur.

Schließlich finde ich doch noch das Restaurant, das sich als Panoramarestaurant ankündigt. Es ist für einen Möbelgiganten seltsam bescheiden. Das Panorama besteht aus Parkplatz, Flutlichtmasten, mit denen der Parkplatz beleuchtet wird, diversen Outlet-Stores und einer stilisierten Bergkette auf der Speisekarte, die gleichzeitig als Tischset dient. Hier sitzen Menschen mit Bitburger-Kappen auf dem Kopf und vollen Biergläsern vor sich auf dem Tisch. Die Bedienungen schieben große Wagen aus Metall durch die Gänge zwischen den Tischen. Auf den Wagen stehen Schnitzel, Pommes, Beilagensalate und Bier. Hoffentlich schmecken die Speisen nicht nach Krankenhaus.

Nach einer guten Stunde rollt mein Rahmschnitzel mit Spätzle auf dem Metallwagen endlich an. Während der Wartezeit hätte ich mir bei Ikea längst den Magen an Köttbullar und Cola verdorben und anschließend eine komplette Einrichtung für ein Einfamilienhaus ausgesucht und bezahlt. Die Kellnerin sagt, sie wisse auch nicht, was in der Küche los sei. Ich dagegen kann mir gut vorstellen, was da passiert ist: Wahrscheinlich haben die Köche ihre Messer nicht gefunden. Jemand sollte ihnen sagen, dass sie in der Büromöbelabteilung und nicht bei der Kücheneinrichtung suchen müssen.

Ich sehne mich nach Ikea. Und ich sehe ein, dass der blaugelbe Schwede in Deutschland keine Konkurrenz hat. Wie auch, wenn sich die anderen benehmen wie pickelige Jungs auf dem Schulhof, die keine Ahnung haben, wie sie das zarte Wesen Kunde beeindrucken sollen.

Das exklusive Extrem

Ikea ist ein Discounter. Punkt. Ich versuche es trotzdem einmal am anderen Ende des Preisspektrums. Und zwar in Läden, in denen das Attribut »Design« nicht wie bei Ikea als »Demokratisches Design« verhunzt wird. Wer sich sogenannte Designerware kauft, der will nichts Demokratisches. Der will den Luxus, den Glanz, den Glamour, den einst Könige und Despoten verbreiteten, um im politischen Sprachraum zu bleiben. Design darf nicht popelig sein, Design muss exklusiv sein.

Heutzutage wird zwar irgendwie alles designt, was sich nicht so recht dagegen wehrt, dennoch haben sogenannte Designermöbel immer noch den Ruch des Exklusiven. Wer sich die Designerware auf der Kölner Möbelmesse ansieht, die alljährlich im Februar stattfindet, der versteht auch, wie dieser Effekt erzielt wird. Abgesehen von den exorbitant designten Preisen, sehen die Möbelstücke schon so aus, als bräuchte man eine Bedienungsanleitung für sie; als müsste jemand einen Zettel an dem Möbelstück anbringen, auf dem vermerkt ist, zu welchem Zweck in welchem Zimmer – Bad? Schlafzimmer? Küche? – die ausgestellte Ware zu gebrauchen ist. Schon diese Unsicherheit verhilft dem Designermöbel zu Exklusivität. Solche Einrichtungsgegenstände kaufen nur Menschen, die Möbel zu bloßen Dekorationszwecken erwerben. Bei manchen Sofas ist es auch schwer, sich vorzustellen, dass sich überhaupt jemand daraufsetzen könnte.

Ich marschiere zu Böhmler im Tal. Ein Münchner Traditionsmöbelhaus in bester Innenstadtlage. Von außen sieht man es dem Laden nicht an, aber er ist ziemlich groß. Ich bin alleine. Das heißt, alleine mit einer Handvoll seriös gekleideter Verkäufer, die mich ansehen. Sie sehen mich so an, dass ich den Laden wieder verlassen möchte. Ich habe hier nichts zu suchen, meine ich in ihren Augen zu lesen und erkläre auf Nachfrage, dass ich mich nur einmal umsehen möchte. Lange halte ich nicht durch. Ich fühle mich zu exponiert, und für den Preis einiger dieser Ledersofas könnte man sich in Mecklenburg-Vorpommern wahrscheinlich einen alten Gutshof mit mehreren Hektar Land kaufen. Ich will weg.

Bei BoConcept nehme ich mir einen Gratis-Katalog mit. Darauf steht riesengroß »Design« und etwas kleiner »urban design«. Den Katalog zu Hause durchzublättern ist angenehmer, als den Verkäuferinnen zu versichern, dass ich mich nur umsehen will. Trotzdem fröstelt mich leicht. Schon das Katalogcover ist komplett weiß. Das weiße Sofa vor weißer Wand mit weißer Lampe ist kaum zu erkennen. Auf dem weißen Sofa sitzt eine Frau in weißer Hose und weißem Top und blickt aseptisch. Immerhin hat sie hellbraune Haare. Kommt gut zur Geltung in dieser Atmosphäre.

Auch im Inneren des Katalogs herrscht Kühle, es handelt sich eben um Designerware. Der Firmengründer grüßt, und obwohl sein Name ein skandinavisch durchgestrichenes O enthält, kommt hier immer noch keine Ikea-Kuscheligkeit auf. Die übrigen Katalogbewohner sind gut gekleidet, sehen sehr gut aus, haben gute Figuren sowie gute Frisuren und gehen auf den Bildern Beschäftigungen nach, die »Loungen«, »Dining«, »Living« oder »Sleeping« heißen. Die Beschäftigung, der ich als Kunde nachzugehen habe, ist nicht explizit erwähnt. Im BoConcept-Konzept müsste sie »Paying« lauten. Nur will ich mir keine Wohnung einrichten, die aussieht wie die Büros erfolgreicher Businessmenschen. Sich zu Hause auf dem Sofa oder den Sesseln *Aero*, *Schelly* oder *Cocoon* zu fühlen, als säße man beim Vorstellungsgespräch (»Ich interessiere mich auch sehr für Interior Design«), ist keine entspannende Vorstellung.

Aber es ist diese Atmosphäre, die zwangsläufig angeboten wird, wenn offensiv die Rede von Design ist – kühl, steril, leer. Irgendjemand lobt dann zwar mindestens die klare Formensprache und die kompromisslose Haltung des Designers, aber mit der Wohnwirklichkeit des durchschnittlichen Möbelkunden haben diese Sagrotan-Landschaften noch viel weniger zu tun als die putzigen Bullerbü-Szenen, die den Ikea-Katalog zieren. Irgendwie möchte ich den Models im BoCencept-Katalog am liebsten dicke Anoraks oder Lammfelljacken anziehen. Die müssen doch frieren, selbst bei bullernder Heizung dauert das doch, bis Chrom und Glas kuschelig werden.

In der Sektion »Dining« des BoConcept-Katalogs finde ich auf einer Doppelseite jemanden, dem es ähnlich zu gehen scheint wie mir. In einem düsteren, in Schwarz (klare Linien!) gehaltenen Zimmer, mit schwarzem klobigem Esstisch an weißen Stühlen, hängt eine Pelzstola über einer Stuhllehne. Es ist ein toter Fuchs, und er vermittelt den Eindruck, als habe er angesichts dieser ganzen designmäßigen Kühle den Freitod gewählt. Auf der anderen Seite steht ein Angelina-Jolie-Lookalike und blickt, als sei Besteck und weißes Porzellan zu stapeln eine kulturell hochwertvolle Tätigkeit. Wahrscheinlich ist ihr langweilig, weil die Möbel schon aufgebaut waren, als sie geliefert wurden.

235

Ebenso wie der Fuchs, der auch schon tot war, als sie in das Zimmer gekommen war. Das ist Designer-Trostlosigkeit.

Wie ich es auch drehe und wende, ich finde keine Alternative zu Ikea. Ich bin für die kühlen Geschmackswelten der Chrom- und Rauchglas-Lounges verloren. Ikea hat ganze erzieherische Arbeit an meinem Geschmacksempfinden geleistet. Ich bin heiß auf schwedisches Design, so wie es von einem Ikeaner erwartet wird.

Zurück auf Los

Es ist Freitagabend. Seit dem vergangenen Wochenende versuchen wir Ordnung in unser Gäste- und Arbeitszimmer zu bekommen. Ich habe mich lange dagegen gesperrt, aber die Freundin ist hartnäckig geblieben. Dummerweise hat sie schon wieder recht. Das Zimmer ist viel zu vollgestellt, es ist duster, eng und unübersichtlich. »Wir müssen etwas machen«, hat sie gesagt, und mir sind nur Ausflüchte eingefallen. Dann hat sie mich vor vollendete Tatsachen gestellt. An einem freien Nachmittag hat sie zusammen mit einer Freundin die Möbel im Zimmer komplett umgeräumt. Ich hatte es nicht für möglich gehalten, aber jetzt wirkt der Raum beinahe doppelt so groß, obwohl noch die gleiche Anzahl Möbel darin steht. Wahrscheinlich habe ich den Geschmack von Ingvar Kamprad und könnte kein Zimmer alleine anständig einrichten.

Nun aber stecke ich mitten in einem Umdekorationsprozess. Wegschmeißen? Doch nicht wegschmeißen? Stapel dorthin legen, Stapel wieder an eine andere Position packen.

»Wir brauchen mehr Stauraum«, sage ich irgendwann, und die Freundin nickt. Eine Weile diskutieren wir, rücken hin und her und blättern schließlich im Ikea-Katalog. Wir einigen uns darauf, dass wir über einen *Ikea-PS*-Blechspind in Weiß nachdenken. So einer steht schon im Gang rum und ist voller Schuhe. In einen zweiten könnten wir die ganzen Ordner packen. Der Spind hat eine Tür, das ist gut.

»Die Ordner muss ja nicht jeder sehen, das ist doch nicht schön«, sagt die Freundin und hat wieder recht.

An diesem Freitagabend rege ich an, dass wir tatsächlich zu Ikea fahren. Was ist los mit mir? Es ist 18 Uhr, und wir sind noch nicht unterwegs. Wir überlegen noch einmal, wo der Spind hinkönnte. Messen den Platz aus, können uns nicht einigen. Jetzt ist der Ton ein bisschen gereizt. Na bitte. Die Zeit wird knapp, wir sollten los.

Bei unserem Stamm-Ikea kommen wir gut durch. Der Kundenstrom ist nicht besonders reißend, dazu ist es zu spät. Wir kennen uns gut aus und schlendern so entspannt, wie man bei Ikea sein kann, durch die Gänge. Wir entscheiden uns gegen den Spind. Jetzt wollen wir nur noch ein bisschen schauen.

Im Auto wundern wir uns beide. Wir haben nur mal geschaut. Dabei sind bloß drei Käufe entstanden: ein *Observatör*-Stützkreuz für ein *Ivar*-Regal, eine Packung *Sommar*-Pappteller und die *Andrea*-Satinbettwäsche, quietschbunt gestreift. Dazu noch einen Hotdog mit vielen Zwiebeln, vielen Gurken, viel Ketchup und Senf, außerdem ein Softeis mit Erdbeersoße und ein Becher für die Cola-Füllstation.

Es ist gerade Sommer, und Ikea verkauft tatsächlich Ikea-

Duschgel und Ikea-Sonnencreme. Riecht die nach Kiefern- und Sperrholz? Haben die das aus *Behandla* gemacht, dem Lack für unbehandeltes Holz, den Ikea verkauft? Und warum sollte man Sonnenmilch bei einem Möbelhändler kaufen, frage ich mich und will daran riechen. Beim Versuch, nur leicht auf die Plastikflasche zu drücken, spritze ich mir Sonnenmilch von unten an die Nase.

»Das bringt mich auf eine Idee«, sagt die Freundin. »Wir machen Urlaub. In Norwegen oder Schweden.«

Sie grinst.

Eine Freundin von ihr habe gerade an der deutschen Botschaft in Oslo gearbeitet und dabei dieses nette Paar kennengelernt. Zwei Deutsche, die aber in Oslo leben und arbeiten. Na ja, und die beiden hätten Urlaub in einem Ikea-Ferienhaus gemacht. So ein total süßes Holzhäuschen mitten in der skandinavischen Wildnis.

»Das war ganz in Ikea eingerichtet«, schwärmt die Freundin. »Wollen wir nicht mal im Internet schauen, ob wir so was finden?«

Ich starre auf die Ikea-Sonnencreme. Wie komme ich da raus? Sollen wir zwei Wochen Urlaub in einem Haus machen, das innen aussieht wie eine Doppelseite aus dem Ikea-Katalog?

»Komm, wir richten uns das Arbeitszimmer richtig schön her«, sage ich.

Dank

An Werner Bartens für Motivation, Inspiration und andere Hilfe; an Julia für Inspiration bei vielen gemeinsamen Ikea-Besuchen; an Andi, Andreas, Katja, Günther, Birgit, Sabine, Florian, Witold, Susanne, Yvonne, Matthias, Mathias, Frederick, Ingo, Christian, Waltrude, Michael, Max, Ulli, Rainer und viele andere dafür, dass sie ihr Ikea-Leid und ihre Ikea-Liebe mit mir geteilt haben.